高等院校人文素质教育系列教材

网球运动教学与训练教程
（微课版）

刘世军　主编

清华大学出版社
北　京

内 容 简 介

本书以网球运动的基本知识和训练理论为出发点,有针对性地对网球运动的基本技术、常用战术、常见的运动损伤、网球竞赛规则与基本裁判法等方面进行了深入讲解。对于难懂易错的知识点在传统理论叙述的基础上添加了技术图示,读者可以通过图示快速理解并掌握;系统完善的章节设置、通俗易懂的内容极大地降低了学习难度;微课内容的配备使读者可以利用碎片时间在移动平台上学习网球知识;每章节后设置了思考题,能帮助读者有针对性地巩固所学内容。

本书不仅适合作为体育专业学生的网球基础课程教材,也适合作为普及网球运动和体育文化的大众读物。

本书封面贴有清华大学出版社防伪标签,无标签者不得销售。
版权所有,侵权必究。举报: 010-62782989, beiqinquan@tup.tsinghua.edu.cn。

图书在版编目(CIP)数据

网球运动教学与训练教程：微课版 / 刘世军主编.
北京：清华大学出版社, 2024.7. -- (高等院校人文素质教育系列教材). -- ISBN 978-7-302-66465-9

Ⅰ.G845.2

中国国家版本馆CIP数据核字第2024GH8534号

责任编辑：石　伟
封面设计：刘孝琼
责任校对：周剑云
责任印制：丛怀宇

出版发行：清华大学出版社
　　网　　址：https://www.tup.com.cn, https://www.wqxuetang.com
　　地　　址：北京清华大学学研大厦A座　　邮　　编：100084
　　社 总 机：010-83470000　　邮　　购：010-62786544
　　投稿与读者服务：010-62776969, c-service@tup.tsinghua.edu.cn
　　质量反馈：010-62772015, zhiliang@tup.tsinghua.edu.cn
　　课件下载：https://www.tup.com.cn, 010-62791865

印 装 者：三河市铭诚印务有限公司
经　　销：全国新华书店
开　　本：185mm×260mm　　印　张：9.5　　字　数：228千字
版　　次：2024年7月第1版　　印　次：2024年7月第1次印刷
定　　价：49.00元

产品编号：101652-01

习题案例答案及
课件获取方式

前 言

  自 19 世纪末网球传入中国以来,网球在我国的发展已有一百多年的历史。随着我国综合国力的增强和人民生活水平的提高,网球运动在中国越来越受欢迎。体育的兴盛象征着国家的强大,全民健康是国家现代化的重要标志。网球作为历史底蕴深邃的世界第二大球类运动项目,既是促进我国体育发展的重要载体,也是传播新时代体育精神的良好媒介。群众体育与竞技体育"两驾马车"并驾齐驱是加快体育强国建设、推进全民健康的重要保障。近年来,中国运动员在国际赛事中取得的优异成绩促进了全民网球运动的快速发展。通过体育院校学生将网球运动带向社会,完成学校体育与社会体育的衔接。学生与大众对于网球项目的热情与需求不断高涨,网球课程需要更为现代化、科学化的教材,因此本书应运而生。

  多年来,广大网球工作者撰写了许多优秀的网球教材以及普及性读物,为我国网球运动的健康发展起到了积极的推进作用。本书乘前人之风,借此互联网普及之时,利用"互联网+"优势进行继承与创新,将网球的系统理论重新梳理、整合,并通过简洁、易懂的微课形式呈现给不同水平的学生以及广大网球爱好者。本书内容涉及网球运动概述、网球基本知识介绍、网球运动的基本技术、网球的常用战术、高校网球的常用训练内容、网球常见的运动损伤、网球的竞赛规则与基本裁判法及优秀运动员介绍八个主要部分。通过图文结合的形式,力求让读者能直观、方便地学习网球相关知识,使网球运动参与者的科学训练和技术水平得到进一步提高。

  本书由天津体育学院教授刘世军主编,并对全书内容进行了规划和统稿。

  欢迎广大师生、读者对于本书中存在的不足提出宝贵意见与建议。

编 者

目 录

第一章　网球运动概述 ……………… 1

第一节　网球运动的起源与发展 ……… 2
一、网球运动的起源 ……………… 2
二、网球运动的发展 ……………… 2

第二节　中国网球运动的发展与现状 …… 4

第三节　世界网球组织的结构 ………… 5
一、国际网球联合会 ……………… 5
二、职业网球联合会 ……………… 6
三、国际女子网球协会 …………… 6

第四节　核心赛事介绍 ………………… 7
一、澳大利亚网球公开赛 ………… 7
二、法国网球公开赛 ……………… 8
三、温布尔登网球锦标赛 ………… 10
四、美国网球公开赛 ……………… 11
五、戴维斯杯赛 …………………… 12
六、联合会杯网球赛 ……………… 13
七、ATP 世界巡回赛总决赛 …… 14

思考题 ……………………………………… 14

第二章　网球基本知识介绍 ………… 15

第一节　网球文化 ……………………… 16
一、网球文化的构成 ……………… 16
二、网球文化的内涵 ……………… 16
三、网球礼仪 ……………………… 17
四、观赛礼仪 ……………………… 18

第二节　网球场地 ……………………… 19
一、标准尺寸 ……………………… 19
二、场地标线 ……………………… 20
三、球场种类 ……………………… 20

第三节　网球装备 ……………………… 22
一、球拍的选择 …………………… 22
二、拍线的选择 …………………… 23
三、减震器的选择 ………………… 23
四、吸汗带的选择 ………………… 24
五、网球服装的选择 ……………… 24
六、保护用具的选择 ……………… 25

第四节　网球常用术语 ………………… 25

思考题 ……………………………………… 26

第三章　网球运动的基本技术 ……… 27

第一节　网球握拍的类别与方法 ……… 28
一、大陆式握拍 …………………… 28
二、东方式握拍 …………………… 29
三、半西方式握拍 ………………… 30
四、西方式握拍 …………………… 30
五、东方式反手握拍 ……………… 31

第二节　正手击球技术的动作要领 …… 32
一、握拍法 ………………………… 32
二、步伐与站位 …………………… 32
三、技术要点 ……………………… 33

第三节　底线反手技术的动作要领 …… 35
一、双手反拍击球技术 …………… 35
二、单手反拍击球技术 …………… 38

第四节　发球技术的动作要领 ………… 40
一、发球的基本步骤 ……………… 40
二、底线发球的种类 ……………… 42

第五节　网前截击技术的动作要领……… 42
　　一、正手截击……………………… 42
　　二、反手截击……………………… 44
第六节　高压球技术的动作要领………… 45
　　一、基本技术……………………… 45
　　二、高压球的变式………………… 46
第七节　切削球技术的动作要领………… 48
　　一、正手切削技术的要领………… 48
　　二、反手切削技术的要领………… 49
第八节　放小球与挑高球技术的
　　　　动作要领………………………… 49
　　一、放小球技术的动作要领……… 49
　　二、挑高球技术的动作要领……… 50
思考题………………………………………… 51

第四章　网球的常用战术………… 53

第一节　网球战术的概述………………… 54
　　一、网球战术的概念……………… 54
　　二、网球战术的基本要求………… 54
第二节　单打的基本战术………………… 54
　　一、单打战术的类型……………… 54
　　二、单打战术的运用……………… 60
　　三、单打战术中的注意事项……… 62
第三节　双打的基本战术………………… 63
　　一、双打的配对原则……………… 63
　　二、双打的基本站位……………… 64
　　三、双打战术的种类……………… 65
思考题………………………………………… 67

第五章　高校网球课程的常用训练
　　　　内容………………………………… 69

第一节　球感练习………………………… 70
　　一、球感练习概述………………… 70
　　二、网球球感的练习方法………… 70
第二节　对墙基本技术练习……………… 74
　　一、对墙球感练习………………… 74
　　二、对墙正反手抽击球的练习…… 74
　　三、对墙截击球的练习…………… 75
　　四、对墙发球的练习……………… 76

　　五、对墙高压球的练习…………… 76
　　六、壁球式练习…………………… 77
　　七、反弹球练习…………………… 77
　　八、放小球练习…………………… 78
第三节　多球训练………………………… 78
　　一、原地多球手抛练习…………… 79
　　二、隔网多球练习………………… 80
　　三、对打练习……………………… 81
第四节　步法训练………………………… 83
　　一、网球步法移动技术的
　　　　相关分析……………………… 83
　　二、网球各种击球步法的
　　　　特点分析……………………… 83
　　三、步法移动的相关因素………… 86
　　四、步法移动的两个要点………… 87
第五节　网球步法的练习方法…………… 88
第六节　体能训练………………………… 90
　　一、耐力训练……………………… 90
　　二、力量训练……………………… 90
　　三、速度训练……………………… 93
　　四、网球体能训练与技术训练的
　　　　关系…………………………… 95
思考题………………………………………… 95

第六章　网球常见的运动损伤……… 97

第一节　肩部的常见运动损伤…………… 98
第二节　肘关节的常见运动损伤………… 99
第三节　腕部的常见运动损伤…………… 101
思考题………………………………………… 102

第七章　网球的竞赛规则与基本
　　　　裁判法……………………………… 103

第一节　网球的竞赛规则………………… 104
　　一、基本通则……………………… 104
　　二、发球的规则…………………… 105
　　三、双打的规则…………………… 106
　　四、计分方法……………………… 106
第二节　基本裁判法……………………… 107
　　一、场地…………………………… 107

二、永久固定物 …………………… 108
三、球 …………………………………… 108
四、球拍 ………………………………… 108
五、一局中的计分 …………………… 109
六、一盘中的计分 …………………… 109
七、一场比赛的计分 ………………… 109
八、发球员和接发球员 ……………… 110
九、场地和发球的选择 ……………… 110
十、交换场地 ………………………… 110
十一、活球 …………………………… 110
十二、压线球 ………………………… 110
十三、球触永久固定物 ……………… 110
十四、发球次序 ……………………… 110
十五、双打的接发球次序 …………… 111
十六、发球 …………………………… 111
十七、发球程序 ……………………… 111
十八、脚误 …………………………… 111
十九、发球失误 ……………………… 111
二十、第二发球 ……………………… 112
二十一、何时发球和接发球 ………… 112
二十二、发球中的重发 ……………… 112
二十三、重发球 ……………………… 112
二十四、运动员的失分 ……………… 112
二十五、干扰 ………………………… 113
二十六、场上官员的作用 …………… 113
二十七、连续比赛 …………………… 113
二十八、指导 ………………………… 114
思考题 ………………………………… 114

第八章　优秀运动员介绍 ……… 115

第一节　男子运动员 ………………… 116

一、比约·博格 ……………………… 116
二、吉米·康纳斯 …………………… 117
三、约翰·麦肯罗 …………………… 117
四、皮特·桑普拉斯 ………………… 118
五、安德烈·阿加西 ………………… 119
六、胡安·卡洛斯·费雷罗 ………… 120
七、安迪·罗迪克 …………………… 122
八、马拉特·萨芬 …………………… 123
九、罗杰·费德勒 …………………… 123
十、拉菲尔·纳达尔 ………………… 125
十一、斯坦·瓦林卡 ………………… 126
十二、诺瓦克·德约科维奇 ………… 127
十三、卡洛斯·阿尔卡拉斯 ………… 128
十四、张之臻 ………………………… 129
十五、吴易昺 ………………………… 130

第二节　女子运动员 ………………… 131

一、玛蒂娜·纳芙拉蒂洛娃 ………… 131
二、施特菲·格拉芙 ………………… 131
三、莫妮卡·塞莱斯 ………………… 132
四、玛蒂娜·辛吉斯 ………………… 133
五、安娜·库尔尼科娃 ……………… 134
六、威廉姆斯姐妹 …………………… 135
七、林赛·达文波特 ………………… 136
八、玛利亚·莎拉波娃 ……………… 137
九、伊加·斯瓦泰克 ………………… 138
十、李婷 ……………………………… 139
十一、郑钦文 ………………………… 140
思考题 ………………………………… 141

参考文献 ………………………… 142

第一章
网球运动概述

本章为读者介绍了网球运动的起源与发展,世界网球组织的结构以及所举办的核心赛事。通过对本章内容的学习,读者可以深入了解网球运动悠久的历史、在不同历史时期的演变、在我国的发展近期所取得的突破,从而对于网球运动有一个初步认识,并了解当前的职业网球体系是如何运转的。

第一节　网球运动的起源与发展

网球（tennis）是一项优雅而剧烈的运动，网球运动的起源和发展可以用四句话进行概括：孕育在法国；诞生在英国；开始普及和形成高潮在美国；现盛行于全世界，被称为世界第二大球类运动。

一、网球运动的起源

网球运动概述

关于网球运动的起源，众说纷纭，时至今日也没有准确定论。我们所接触到的网球运动，是从最开始的皇室之间的休闲娱乐转变而来的，网球作为世界第二大球类运动项目，其技术、规则以及所用器材等，与当初相比，发生了很大的改变。

网球运动诞生初期，它的玩法在许多地方大同小异，但"网球"在不同的国家被赋予不同的名字。早期在英国称为 tennis，或者更细分地称为 tennis、real tennis 或 royal tennis；在美国则称为 court tennis；在法国称为 Jeu depaume（game of the palm）；在澳大利亚称为 royal tennis。不同的名称源于各国不同的网球发展历史。学者们通常认为，早在 12 世纪至 13 世纪，网球运动已在法国开始成形。1337—1453 年英法百年战争以前在法国民间流传一种名叫海欧·德·巴乌麦的球类游戏，其用球是在两个半球中填充草、树叶或头发等制成的。据说这种游戏是由两个人进行的，每人各执一个球拍，球场的周围筑有围墙，球撞到墙上后被弹回去，而后过网。无论在使用的场地和器具上，还是在进行游戏的方法上，它与现代网球运动都有许多相似之处，所以有人把它看作网球运动的原初形态。

二、网球运动的发展

在 14 世纪中叶，法国一位诗人将这种球类游戏引入法国宫廷，成为皇室贵族男女的消遣。当时，这项游戏在宫廷内的大厅进行，没有网，也没有球拍，球是用布卷成圆形后用绳子绑成的。场地中央架起一条绳子作为界线，玩家使用双手做球拍，将球从绳上抛来抛去。法语称之为"tennez"，英语称之为"Take it! Play"，意为"抓住！丢过去"，今天的"网球（tennis）"一词即来源于此。不久后，木板球拍取代了双手拍球。16 世纪初，这项球类游戏引起了法国国民的好奇心，开始纷纷仿效，并迅速将其传播到各大城市，同时对器材进行了改良。球制造得更加耐用，拍子由木板改为羊皮纸板，拍面面积增大，握把更长。场地中央的绳子被替换为小方格网，球拍改用穿线的网拍，更富有弹性，更轻巧便捷。在法国宫廷进行这种游戏时，球场旁边放置了一个金色容器，比赛结束后，观众将金钱投入容器，作为胜利者的奖品。这一方法的初衷良好，但后来逐渐演变为一种赌博。一开始数额不大，随着时间的推移，赌注越来越高，甚至有人因此丧失家产。因此，法国国王路易斯下令禁止，并规定这是宫廷中的特权游戏。这也是 18 世纪初期网球衰败的主要原因。

现代网球运动通常被认为起源于 1873 年。那一年，英国的沃尔特·克洛普顿·温菲尔德对早期的网球规则进行了改良，使之成为夏季草坪上的一项体育活动，并赋予其"草地网球"的名称。同年，他还出版了一本名为《草地网球》的小册子，用以宣传和推广这项运动。因此，温菲尔德被誉为"近代网球的奠基人"。从那时起，网球成为一项室内和户外均可进行的体育项目，并在英国各地建立了众多网球运动俱乐部。1875 年，全英网球运动俱乐部成立，建造了世界上第一个专用网球场，并于 1877 年举办了全英草地网球男子单打锦标赛，即后来著名的温布尔登网球赛。随着网球运动的蓬勃发展和比赛活动的不断增多，有必要制定一套统一的规则。因此，在 1876 年，一些知名网球俱乐部的代表共同召开会议，讨论并制定了全英统一的网球规则。经过多次协商，各方代表最终在场地、设备、打法和比赛等方面达成一致，并形成了一套统一的规则。1878 年以后，英国大多数网球俱乐部逐渐采用这一新规则进行培训和比赛。

1874 年，美国的玛丽·奥特布里奇女士观看了英国军官的网球比赛后对这项运动产生了浓厚兴趣，于是将网球运动带到了纽约。在美国，网球运动最初在东部学校中兴起，很快传播到中部和西部，最终在全美范围内普及开来。此时，网球运动已经从草坪上演变成了可以在沙土、水泥和柏油场地上进行的比赛，于是"网球（tennis）"的名称逐渐取代了"草地网球（lawn tennis）"的称呼，这也解释了今天我们称之为网球的由来。

1878 年，第一次男子双打锦标赛在英格兰举行。

1879 年，第一次女子单打和混合双打比赛在爱尔兰举行。

1884 年，温布尔登网球赛新增了女子单打和男子双打锦标赛。

1913 年，温布尔登网球赛又增加了女子双打和混合双打锦标赛。

1881 年，世界上出现了第一个全国性的网球协会，即美国全国草地网球协会（"全国"两字于 1920 年取消）。该协会于当年 8 月 31 日至 9 月 3 日，在罗得岛纽波特港举行第一届美国草地网球男子单打和男子双打锦标赛，比赛采用了温布尔登的比赛规则，参加比赛的有 26 人。

1900 年，21 岁的美国网球运动员戴维斯，为了推动现代网球运动的发展，捐赠了一只黄金衬里的纯银大钵，名为戴维斯杯。它后来成为国际网坛声望最高的男子团体锦标赛的永久性的流动奖杯。每年的冠军队和队员的名字都被刻在杯上，当 1920 年刻满名字后，戴维斯又捐赠了一只垫盒，以后又增添了两只托盘。

1904 年，澳大利亚草地网球协会成立，并于 1905 年开始主办澳大利亚锦标赛，最初设有男子单打、男子双打两个项目，1922 年又增加了女子单打、女子双打和混合双打三个项目。法国网球锦标赛、英国温布尔登网球锦标赛、美国网球锦标赛和澳大利亚网球锦标赛合在一起是世界上最有声望的"大满贯"网球锦标赛。任何一名选手或一组双打选手若能在同一赛季中赢得这四个锦标赛的冠军，便获得"大满贯"优胜者的荣誉。

1973 年，国际女子网球协会成立。

虽然，网球历史学家对网球渊源众说纷纭，但对记分制的产生却意见一致。记分制的术语源自法语。"Loue"来自"L'oeuf"一词，意思是鸡蛋或蛋。"Deuce"来自"a deux"，意思是两个或平手，网球的记分顺序是 15、30、40。有人认为原始记分制是仿效法国的货币计量方法。法国的早期货币就是采用 15、30、40 这种增量方法，但有一位名叫琴·高斯的人认为，这三个数字是参照天文学中的六分仪而来。当时的网球比赛每局最多 4 分，4 个 15 分为一度，与 4 个 15 度构成 1/6 个圆一样，采用 15 为基数以计算每一分球的得失，至于45改成40，是为了报分发音更简便清晰。

进入20世纪90年代以后，网球发展呈现几个显著特点。首先，普及程度进一步扩大，国际网球联合会报告显示，1990年年初已有156个协会。其次，运动水平提升，比赛竞争更加激烈。再次，随着器材改革，尤其是球拍的研制，网球朝着力量和速度型的方向发展。最后，随着各类大赛奖金的不断增加，网球的职业化和商业化程度不断得到提升。总之，作为世界第二大球类运动项目的网球运动，以其无比的魅力和不断发展的技术吸引越来越多的爱好者和参与者。

第二节　中国网球运动的发展与现状

中国网球运动

1885年前后，网球运动传入中国，先是上海、广州、天津等大城市的外国传教士和商人之间出现网球活动，后来一些教会学校也开展起这项运动，1898年，上海圣约翰书院举行斯坦豪斯杯赛，这是中国网球史上最早的校内比赛。1906年，北京汇文学校、协和书院、清华学校之间，上海圣约翰大学、南洋公学、沪江大学以及南京、广州、香港的一些学校之间开始举行校际网球赛，促进了网球运动在中国的传播。

在20世纪20年代、30年代，那时的网球运动只在少数人中间流行。中华人民共和国成立后，网球运动在起点低、基础差、交往少的情况下逐渐发展。1953年在天津首次举办了包括网球在内的四项球类运动会（篮球、排球、网球、羽毛球）。1956年举办全国网球锦标赛，后来全国网球等级联赛定期举行，并实行升降级制度，还定期举办全国网球单项比赛、全国硬地网球冠军赛、全国青少年网球比赛，近年来又举行了巡回赛，另外，还有老年网球赛、高校网球赛、少年网球赛。这些竞赛对促进网球技术水平的提高起到了积极的推动作用。但多年来的尝试并没有让中国网球运动有所进展，除去中国发展的客观因素外，当时国际网坛普遍认为中国网球具有诸如教练员执教水平不高、运动员对网球态度不够端正、运动训练观念落后等问题。直至21世纪初期，我国网球运动经过一系列调整取得了阶段性突破，中国球员才得以开始在国际中崭露头角。

1986年，在汉城亚运会上，中国女子网球选手李心意斩获女单冠军。四年后的1990年，在北京亚运会上，中国网球队在男单、男双和男团三个项目中取得了金牌的傲人战绩。紧接着的次年，中国女子网球队成功晋级联合会杯16强。

2004年，雅典奥运会上，中国金花组合李婷和孙甜甜勇敢征战，为中国赢得了历史上首枚网球项目的奥运金牌。

2006年，郑洁和晏紫组合相继夺得澳网和温网两个大满贯冠军，创造了令人瞩目的历史佳绩。

2018年，在美网赛场，年仅17岁的王曦雨摘得女子单打青少年组冠军，成为美网历史上首位中国青少年冠军得主。

2022年，在法国网球公开赛中，郑钦文成为继郑洁、李娜、张帅之后第四位闯入大满贯女子单打16强的中国球员。

2023年2月，1999年出生于浙江杭州的中国球员吴易昺在达拉斯公开赛中一举夺得巡回赛首冠,成功成为中国首位ATP巡回赛男单冠军,击败了丹尼斯·沙波瓦洛夫、泰勒·弗里茨(首胜TOP10)和约翰·伊斯内尔(挽救4个赛点)。

近年来,中国网球成绩的不断突破,不仅引起了世界职业网坛的高度重视,而且引来了国人的极大关注,掀起了国内网球运动的热潮。网球运动的社会影响力不断扩大,全国各高等院校专修和选修网球运动课程的学生越来越多,社会大众喜爱和投身网球运动的人数与日俱增。全国性、区域性和各地方的业余网球比赛蓬勃开展,规模也越来越大,社会各界参与、支持网球运动发展的积极性也越来越高,我国网球事业已步入健康、快速、可持续发展的轨道,并初见成效。

第三节 世界网球组织的结构

一、国际网球联合会

国际网球联合会(International Tennis Federation,ITF)简称国际网联,1913年3月1日成立于法国巴黎,其标识参见图1-1。国际网联总部设立在英国伦敦,国际网联现任主席为戴维·哈格蒂(David Haggerty),秘书长为杰万斯(Deborah Mme Jevans)。中国网球协会于1981年7月加入国际网联。

图1-1 国际网联(ITF)标识

国际网联的主要任务是制定、修改以及实施网球规则;在各级水平比赛中促进世界网球的发展;在国际中维护网球运动的利益、名誉;确定运动员资格,管理业余、职业及业余与职业混合型比赛;同时也在各国各地开展网球运动的推广、教学及训练;通过多种途径提高网球运动的知名度,提高人们对于网球运动的兴趣,吸纳更多的新鲜血液参与其中。总的来说,国际网联是世界网球组织的最高权力机关,其负责有关网球比赛及其衍生事务的一切相关工作。

国际网联现有协会会员210名。其中145名为正式会员,65名为无表决权的联系会员。国际网联的最高权力机构是代表大会,每年召开1次。国际网联的领导机构是管理委员会。管理委员会由11人组成,管理委员会委员由代表大会选出,任期两年。秘书长由管理委员会任命。国际网联管理委员会下设奥林匹克委员会、青少年竞赛委员会、老运动员委员会、技术委员会、网球规则委员会、国际网联规则委员会、财务委员会、医务委员会、大众传媒委员会和教练委员会,用以分管不同事务。

国际网联承认的正式团体赛有:①国际网球锦标赛(即戴维斯杯赛);②女子国际团体赛(即联合会杯赛)。国际网联所承认的正式个人比赛有:①英国网球锦标赛(即

"温布尔登"比赛）；②美国网球锦标赛；③澳大利亚网球锦标赛；④法国网球锦标赛；⑤意大利网球锦标赛；⑥南非网球锦标赛。这些比赛均每年举行1次。国际网联于1968年允许职业运动员参加其比赛。1970年由一些大企业资助成立了大奖赛（Grand Prix）。大奖赛是由一系列国际比赛组成，根据运动员在各场国际网球比赛中的累积得分来确定其名次，并派发相应的奖金。

二、职业网球联合会

职业网球联合会（Association of Tennis Professionals，ATP），又称职业网球球员协会。ATP为独立性管理机构，主要负责男子职业网球选手的组织和比赛。它的标识参见图1-2。它成立于20世纪70年代美国网球公开赛前，致力于调解网球运动员与全球各地的网球比赛之间出现的各种问题，使得运动员和赛事方的各种冲突和矛盾能够以友好并合理的方式解决，最大程度地保障球员们的利益，同时对赛事、比赛规则、奖金和排名等起到了至关重要的作用。

图1-2 职业网球联合会（ATP）标识

职业网球联合会由唐纳德·戴尔、鲍勃·布瑞尼尔、杰克·克拉玛、克里夫·佐斯德尔等人于1972年9月成立，该会成立后的首个任务就是建立一个电脑排名系统来分析球员的赛事表现和用一个客观的方法来决定球员是否具备参赛资格，即采用"最佳14场累计积分＋击败种子奖励分"体制。ATP排名起始于1973年8月23日，至今，男子职业网球官方排名系统仍然在使用类似的积分方法。

职业网球联合会每年举办汇聚世界顶级男子网球运动员的多项赛事，其中包括四项大满贯赛事（非ATP成员）、ATP世界巡回赛1000大师系列赛事、ATP世界巡回赛500系列赛事和ATP世界巡回赛250系列赛事。ATP世界巡回赛分别在32个国家举办了62项赛事。每赛季末，ATP会根据选手们的全年表现甄选出世界排名前八的单打选手和双打组合参加赛季顶级赛事——日东ATP世界巡回赛总决赛。

三、国际女子网球协会

国际女子职业网联（Women's Tennis Association，WTA），即国际女子网球协会。其标识参见图1-3。其由比利·简·金女士领军的63名球员于1973年创立，其创立的主要目的是维护女子职业网球运动员的利益，为女子职业网球运动员的发展和利益提供保障。WTA 的总部设在美国佛罗里达州的圣彼得斯堡，其下设有体育科学部、医学部、巡回赛运作部和选手关系办公室。

图1-3　国际女子职业网联（WTA）标识

WTP 同 ATP 一样，均为世界职业网球选手的自治组织，其主要任务同样是组织职业选手进行各级各类网球赛事。值得一提的是，女子网球巡回赛为年轻的选手设立了学校。每一个成为职业球员的人都要参加学院的课程，以保障年轻的运动员可以快速了解巡回赛的知识以及参加比赛时应注意的事项，为后续的职业发展打下良好基础。一些重要的联赛甚至设有家长讨论会，WTA 希望通过让球员的家庭意识到球员们将要面临的职业发展问题，来为她们提供生活和事业上的助力。

自 2021 赛季开始 WTA 将女子职业网球赛事划分为五个级别，其中包括由 ITF 主办的四大满贯赛事、WTA1000（包括此前的强制顶级赛和超五顶级赛）、WTA500（此前的顶级赛）、WTA250（此前的国际赛）以及 WTA125（此前的 125K 系列赛）。WTA 世界排名是由女子职业球员在过去 52 个星期内 16 项成绩最好的赛事中获得的积分总和排序而来的。

第四节　核心赛事介绍

一、澳大利亚网球公开赛

澳大利亚网球公开赛（Australian Open，AO），简称澳网，是四大满贯赛事之一。其标识参见图 1-4。澳网通常于每年一月的最后两周在澳大利亚墨尔本市的墨尔本公园进行，当时正值当地盛夏时节。它是每年四大满贯赛事中首个举行的比赛，也是其中历史最年轻的一项。

四大公开赛

图1-4　澳大利亚网球公开赛标识

澳大利亚网球公开赛始于1905年,距今已有一百多年的历史。比赛创立之初,澳网曾被称为"澳大拉西亚锦标赛"(Australasian Challenge Cup),自1969网球竞赛进入"公开赛事时代"才正式更名为澳大利亚网球公开赛(即澳网)。起初澳网的比赛轮转于新南威尔士州悉尼、维多利亚州墨尔本和南澳大利亚州阿德莱德三地举办,1941—1945年比赛由于第二次世界大战连续5年停止举办。自1988年起,澳网的比赛一直在墨尔本公园的硬地上进行,并持续至今。

该项赛事设有男子单双打、女子单双打以及混合双打等项目。男子单打的冠军奖杯为诺曼•布鲁克斯挑战杯(Norman Brookes Challenge Cup),女子单打的冠军奖杯是达芙妮•阿克赫斯特纪念杯(Daphne Akhurst Memorial Cup),男女单打的冠军均可获得400万澳大利亚元的奖金。

在澳网一百多年的历史中,澳大利亚选手获得了公开赛时代之前的大部分冠军。罗伊•爱默生、南希•博尔顿和玛格丽特•考特都获得了六个或以上的冠军头衔(见图1-5)。而在澳网的历史中获得的澳网冠军头衔最多的男子运动员为来自塞尔维亚的诺瓦克•德约科维奇。德约科维奇在2023年重返墨尔本公园并一举夺冠,成为历史上第一位澳网男单十冠王(2008、2011、2012、2013、2015、2016、2019、2020、2021、2023)。

图1-5 澳大利亚选手获得澳网冠军

二、法国网球公开赛

法国网球公开赛(French Open),简称法网,是四大满贯赛事之一。法网通常于每年的5月至6月举行,是每年进行的第二项大满贯赛事。其标识参见图1-6。法网的比赛最初创立于1891年,最初被命名为"法国网球锦标赛"(French Championships),创立初期其只是法国国内的小型网球比赛。直至1925年,赛事成为一项国际网球赛事并面向全世界的网球选手开放报名。比赛设在法国巴黎西部蒙特高地的一座名为"罗兰•加洛斯"的大型体育场内,其名字源于在第一次世界大战中为国捐躯的英雄罗兰•加洛斯。法国网球公开赛已经持续了一百三十多年,除因两次世界大战被迫暂停过11年外,均每年举办一次。

图1-6 法国网球公开赛标识

法国网球公开赛同温布尔登网球锦标赛一样，都使用了特殊材质的网球场地。罗兰·加洛斯的球场属于慢速红土场地（见图1-7），其特性有球速慢、回弹高且带有很强的旋转，因此在红土上比赛需要运动员有更出众的体能储备，以应对更多的击球回合以及更长的比赛时间。除此之外，球员同样需要超凡的耐心，历代法网冠军都印证着这一点，正如法网的名言所说"胜利往往属于最坚韧之人（Victory belongs to the most tenacious）"。

图1-7 法网的红土场地

2022年法网的总奖金为4360万欧元（约合4600万美元），其中男、女单打冠军的奖金为220万欧元。正赛首轮出局的球员也可以拿到62000欧元（约合43.8万元人民币）的奖金。2022年，36岁的拉斐尔·纳达尔第十四次捧起了火枪手杯（2005、2006、2007、2008、2010、2011、2012、2013、2014、2017、2018、2019、2020、2022），从而进一步巩固了他在法网的统治地位。

三、温布尔登网球锦标赛

温布尔登网球锦标赛（Wimbledon Championships），简称温网，是一项历史最悠久、最具声望的世界性网球公开赛事，由全英俱乐部和英国草地网球协会于 1877 年创办，是网球四大满贯赛事之一，其标识参见图 1-8。温网通常在法网举办之后的每年 6 月或 7 月进行，是每年进行的第三项大满贯赛事。作为最负盛名的网球赛事，温网并没有使用英国或伦敦命名赛事，而是一直沿用温布尔登这座小城的名字。该项网球赛事在过去的一百四十多年岁月中赋予了温布尔登独特的韵味和历史厚重感，"古典""唯美"慢慢成为温网的代名词。传统往往是一种标志，对于网球这项悠久的运动，温网正是其历史底蕴的最佳体现。

图 1-8　温布尔登网球锦标赛标识

温网比赛所用的球场是造价昂贵的草场，覆盖其上的植被为百分之百的黑麦草。比起法网的慢速红土场地，温布尔登的黑麦草场土壤质地坚硬，土质干且草的摩擦系数小于土地和一般塑胶场地，因此温网的球速是四大满贯赛事中最快的。1877 年在全英草地网球和门球俱乐部的管理之下，温网首次在温布尔登 Worple 路附近的一块场地举行，当时仅有男子单打比赛，1884 年加入了女子单打比赛和男子双打比赛。如同其他三大满贯赛事一样，在公开赛时代来临之前温网只对顶级的业余选手开放。令人津津乐道的是自 1963 年佛瑞德·佩里夺得单打冠军之后，英国人再也未获得过单打冠军，直至 2013 年 7 月 7 日，安迪·穆雷才代表英国人再次夺得温网男单冠军。

温网还有着一些"特殊"的规定。绿色和紫色是温布尔登网球锦标赛的传统颜色，而参赛的球员必须穿着以白色为主色调的衣服参赛，这一着装要求用以表达球员对英国皇室的尊重，如若违反这一准则将会面临一定金额的罚款。种子排位方面，温网不完全按照世界排名来定种子排位，因为这项赛事是由一个私人俱乐部在经营。从 2001 年开始，温网的种子排位就由一个委员会决定。他们参考这些球员过去几年包括女王杯、纽波特、海尔托亨博思等草地赛事的表现，再根据其世界排名的高低排出种子位置。除此之外，温网相比于其他大满贯赛事，赞助商少之又少，只有少数几个主要赞助商，在英国人看来打网球是纯粹的,并不需要过度商业包装和推动。

赛事奖杯方面,男子单打冠军将获得一座18英寸高的镀金奖杯,即"挑战者杯";女子单打的奖品是一个直径约19英寸的银盘,通常被称作"Rosewater Dish"或"Venus Rosewater Dish",中文通译为"玫瑰露水盘"。在温网的赛会历史上,瑞士的网球天王罗杰•费德勒八次在中心球场捧起挑战者杯(2003、2004、2005、2006、2007、2009、2012、2017),桑普拉斯和德约科维奇七次夺冠,紧随其后。

四、美国网球公开赛

美国网球公开赛(U.S. Open),简称美网,其标识参见图1-9。美网通常在每年的8月底至9月初举行,赛事设有男子单打、女子单打、男子双打、女子双打和男女混合双打五个项目,并且也有青少年组的比赛,是每年进行的第四项也是最后一项大满贯赛事。

图1-9 美国网球公开赛标识

美国网球公开赛的首届比赛于1881年在罗得岛新港举行,当时只是国内赛事,而且只设有男子单打比赛,后来为了追求更多的娱乐因素,才增设了女单、男双、女双、混双四个项目。女子比赛始于1887年,1968年起美网正式被列为四大公开赛之一。1915年起移至纽约林山进行比赛,1970年改名为全美公开赛,美网历史上第一个男单冠军是纽波特俱乐部的卡西诺获得的。现今美网的影响力比不上温布尔登网球锦标赛,却要比澳大利亚网球公开赛(澳网)、甚至法国网球公开赛(法网)略胜一筹。这无不得益于其组委会的不懈努力,组委会使得美网从业余赛事发展到世界上奖金最丰厚的大满贯赛事。2022年美网的总奖金达到6.01亿美元(约合40亿元人民币)超过了2021年美网的5.75亿美元,创下历史新高,所用场地参见图1-10。每年的夏天在美国国家网球中心进行的美国网球公开赛都能吸引超过50万球迷到现场观看。

公开赛时代以来,男子单打球员约翰•麦肯罗曾于1979—1981年取得过三连冠的成绩,伦德尔自1985—1987年取得三连冠成绩后,桑普拉斯曾在这里获得过五次冠军,但只有罗杰•费德勒,他是自1924年比尔•蒂尔登之后首位在美网取得五连冠的男子选手(2004、2005、2006、2007、2008)。女子单打中有"冰美人"之称的克里斯•埃弗特,曾在美网连夺四次冠军(1975、1976、1977、1978),并以六次冠军力压群芳,德国史蒂芬·格拉芙也曾五次夺冠，威廉姆斯姐妹自1999年至2014年这15年间共获得八次冠军（塞雷娜·威廉姆斯1999、2002、2008、2012、2013、2014，维纳斯·威廉姆斯2000、2001），可谓占据了美网女子单打的半壁江山。

图1-10　美网的硬地球场

五、戴维斯杯赛

戴维斯杯赛（Davis Cup）为世界上极受瞩目的国际男子网球团体赛事，是由国际网球联合会负责组织的赛事。赛事于一年中的分散的数个星期、于许多地点举行，每年产生一个戴维斯杯赛总冠军。

因赛事系美国人戴维斯倡议举办，并捐赠银质奖杯（见图1-11）授予冠军队，故名戴维斯杯赛。该赛事采取分为两级的升降级比赛的办法：第一级称世界组，由16个队参加，成员是前一年比赛的前12名和四个分区赛（即第二级的四个区的比赛）的第一名，这一级的冠军队即获奖杯；第二级分欧洲A区、欧洲B区、美洲区和东方区四个区比赛，获得各区第一名的可参加下一年第一级的比赛。

图1-11　戴维斯杯赛的银质奖杯

1900年第1届比赛在美国波士顿举办，美国队夺得冠军。2000年，在戴维斯杯赛举办100周年之际，有129个国家参与竞争。2006年时共有133个国家参赛，而2007年则共有137个国家参赛。到2022年，戴维斯杯赛实际举办了110届（因战事停办12届，因新冠疫情停办1届）。

截至2022年，美国赢得冠军的次数最多（32次），紧随其后的是澳大利亚（28次，包括4次"澳大拉西亚"），英国（10次，包括5次"不列颠群岛"），法国（10次）和瑞典（7次）。

六、联合会杯网球赛

联合会杯网球赛（Fed Cup），是世界最重要的国家女子网球团体赛事，创立于1963年。联合会杯网球赛是每年一度的世界女子网球团体赛，也是世界网坛层次最高、影响最大的国际性女子网球团体赛，其标识与奖杯参见图1-12。

图1-12　联合会杯网球赛的标识与奖杯

2020年9月17日，国际网球联合会宣布，原女子网球团体赛事联合会杯，正式更名为"比利·简·金杯"，以此来纪念这位女子网球发展的先驱。

创立女子国际网球比赛的构想是由海泽·霍普金斯·惠特曼于1919年提出的，但这个构想因为当时人们缺乏广泛的参与热情而搁浅。1923年，为了增加女子参与网球赛事的积极性，惠特曼创立了每年一次的英美女子国际比赛（惠特曼杯）。澳大利亚戴维斯杯国家队队长哈瑞·霍普曼的夫人尼尔·霍普曼女士同样支持惠特曼的构想。然而直到1962年，英国居民玛利·哈特里克·哈尔向国际网球联合会呈递了获得广泛支持的国际女子网球赛事申请。1963年，在国际网球联合会50周年庆典的日子里，与男子网球团体赛戴维斯杯齐名的女子网球团体赛联合会杯宣告成立。

首届联合会杯赛在英国伦敦的女网俱乐部举行，共有16支队伍参赛，最后美国队发挥出色，夺得桂冠。此后，参赛队伍的数量不断增加，特别是吸纳商业赞助后，共有50多个国家和地区的队伍参与到此项赛事中来。目前联合会杯网球赛已经成为世界上最大规模的女子年度团体体育赛事。随着赛事的不断发展，联合会杯网球赛已经成为国际网球界最重要的赛事之一。顶尖选手的参与、赛事门票的广泛发售、世界范围内的亿万电视观众以及媒体的积极报道，极大地促进了赛事的发展。

七、ATP世界巡回赛总决赛

ATP世界巡回赛总决赛（ATP World Tour Finals），旧称网球大师杯赛，是一项网球锦标赛，在每年年底举行，参赛者是当年男子网球ATP冠军排名（ATP Champion Race）前八的选手。但是根据网球大师杯赛的规则，在ATP冠军排名第八的选手并不一定能有资格参赛。如果一名选手是当年四大满贯赛事冠军之一且排名在前20名以内（但排在第8名以外），那他就可取代排名第八的选手进入网球大师杯赛，但如果超过一名球员符合上述条件，以冠军排名较高者为优先。

同其他男子巡回赛不同，网球大师杯赛不是采用直接淘汰的赛制，而是所有的8名选手被分成两组，每组4人，采用小组单循环的形式，即每个选手必须跟本组的其他选手各交手一次。每个小组成绩最好的前两名进入半决赛，再由半决赛的胜出者进入决赛来争夺冠军的归属。

2009年开始，本赛事更名为ATP世界巡回赛总决赛，并于2009—2012年在伦敦举行。

2022年11月21日，德约科维奇7-5、6-3直落两盘战胜鲁德，第六次夺得年终总决赛冠军（2008、2012、2013、2014、2015、2022），追平了费德勒所保持的夺冠纪录（2003、2004、2006、2007、2010、2011）。

思考题

1. 简述网球运动的发展概况。
2. 简述网球运动在中国的发展概况。
3. 结合实际谈谈网球运动的意义。
4. 四大满贯赛事有哪些？各具备什么特点？

第二章
网球基本知识介绍

本章主要介绍了网球的基本知识，包括网球文化、网球场地、网球装备和网球专用术语。了解网球的基本知识是学习网球技术、战术以及读懂比赛规则的前提。同学们将建立对于网球项目的初步认识，为后续直接参与网球运动打下基础。

第一节 网球文化

一、网球文化的构成

（1）网球的物质文化：是指网球的场地、器材、设备、服装、技术、动作、战术等，是网球运动的基本条件。

（2）网球的制度文化：是指网球运动的理论、网球组织、网球的规则、网球赛制等。

网球礼仪

（3）网球的精神文化：包括网球运动的理念、价值观、道德情操、审美情趣、精神内涵等。

二、网球文化的内涵

（一）文明、高雅是网球文化的本质

网球运动，又被称为"贵族运动""绅士运动"。文明、高雅是网球文化的本质。无论是通过身体练习参与到网球运动中，还是在球场边上观看网球比赛，运动员和在场观众都被这种文明、高雅的本质所约束。

首先，网球运动中，隔网竞技使得运动员增添了从容、优雅。

其次，网球运动中成文或者不成文的礼仪规范，都使网球运动的参与者始终表现出一种绅士风度。

最后，网球运动的文明与高雅还体现在着装要求上。网球运动的服装一直都是各类运动项目中最美观、最大方的，尤其是女性网球运动员的服装能充分体现女性在运动场上的魅力。

此外，网球运动中，还有一些特殊的礼仪与文化，如温网中，选手向皇室行屈膝礼。

总之，网球运动的整个过程充满和谐。网球礼仪展现出这项运动独有的魅力，决定着这项运动的核心精神。

（二）公平、公正、公开是网球文化的核心

公平、公正、公开是现代社会文明发展的一个重要标志，是社会平等发展的重要基础。

体育竞技要求比赛必须在公平、公正、公开的条件下进行，网球比赛亦然。网球比赛规则中的一系列规定都充分体现了网球运动文化对于"公平、公正、公开"体育精神的践行。

（1）网球为圆形球，可以向任何方向运动，充分保证了运动员享有同等的获球机会。

（2）网球比赛每局结束后运动员交换发球权，发球机会均等。

（3）网球比赛开始前，运动员通过抽签或抛硬币决定场地选择、发球顺序，一方选择场地后，另一方获得发球权。

（4）网球比赛规则规定，比赛双方都得三分时为平分。在平分情况下，一方必须连胜两分才能获得该局的胜利。

（5）网球比赛场地是长方形的，考虑风向、采光等客观因素，每局结束后双方运动员交换场地再进行比赛。

（三）谦虚自信、相互尊重是网球文化的基础

网球比赛的过程充满了困难与挑战，对于运动员的体能、心理、脑力消耗极大。运动员在整个比赛过程中，必须要做到谦虚、谨慎、不骄不躁，认真挥出每一拍，只有这样才能赢取比赛的最终胜利。网球运动对个人心理、品质的培养具有重要作用。

网球运动丰富的礼仪要求运动员尊重对方、尊重裁判、尊重观众、尊重队友，这是最基础的内容。以运动员为例，运动员应在比赛中表现出良好的个人风范与气度。在球场上，以下任何一种行为都会受到他人的谴责，也是网球比赛规则所不允许的：踢球，网球是用球拍击打的，比赛中不能用脚触碰；摔球拍、砸东西；因为对方的失常发挥和频繁失误喜形于色，都是不礼貌和不尊重对方的表现。

（四）顽强拼搏、敢于竞争是网球文化的精髓

网球运动作为体育文化的一种，其在比赛过程中所创造的文化环境有着独特的价值观念和功能，道德意识、意志信念、高尚情操被充分展现出来。在促进参与者认识网球运动文化、体会网球运动精神方面具有重要引导作用。

现代社会竞争激烈，任何人要适应现代社会的发展，就必须顽强拼搏、敢于竞争。网球运动文化中对运动员的良好竞争意识和意志品质的培养与现代社会文化对人的高素质要求是契合的。

具体来说，网球运动无时间限制，势均力敌的双方持续4～5小时甚至更长时间的现象屡见不鲜，平分后净胜两分才能取得一局的胜利，因此比赛中的激烈竞争不仅体现在激烈的比赛运动员之间力量、速度、体力的对抗，还有运动员的顽强、拼搏、自信的心理对抗，这都充分体现了运动员高昂的精神斗志，使网球运动对运动员、对观众的拼搏精神和意志力的培养起到良好的正向作用。

（五）丰富的运动之美是网球文化的魅力表现

网球运动具有一般体育运动的运动之美，还拥有网球运动自身的文化魅力。现代网球运动充分体现着运动员的形体美、力量美、技术美、艺术美、风格美、服饰美与精神美，也体现着观众的文明礼仪之美，还体现着裁判的公平、公开、公正的执法之美，以及所有网球运动参与者所营造的和谐运动环境之美。网球运动的运动之美涉及面广、内涵丰富。

网球运动比赛中选手竞争性与观众观赏性相结合、参与性与文化性相结合，都使得网球运动成为一项时尚、典雅的运动。

三、网球礼仪

网球是一项绅士运动，它的魅力与运动员、观众所具备的良好的行为素养密不可分。无论是在网球场上还是网球场外，良好的仪态和得体的举止是一个网球爱好者好品行、高素质的表现。礼仪本身就是网球运动充满魅力的要素之一，因此了解和学习网球礼

仪也是一个网球爱好者必不可少的功课。

（一）训练课上应注意的礼仪

（1）训练课上一定要虚心学习，学会抓住教练的讲课重点。不要现场质疑反驳教练的教学，因为每个教练教学风格不一，很难在当下快速分辨问题的对错，产生怀疑可以通过课后讨论或实践去验证。实践证明，网球教学更讲究合理性和适用性。

（2）主动捡球。网球练习者在练球时必须积极主动地捡球，特别是在初学者的多球训练中。捡球是学员的职责，也是对球伴的尊重。

（3）不要急着捡球。打球时，把球打到隔壁球场上是很正常的，但要懂得说"对不起"，因为打过去的球有可能影响到他们的活动。如果自己想去隔壁球场捡球，要学会等待，等待他们击球结束后才能去捡球，此时若贸然入场捡球只会令他们反感或给自己带来不必要的身体伤害（例如被挥动的球拍或运动中的网球误伤）。正确的做法是，先当向隔壁球场球员礼貌示意，请对方把球抛起交还与你。

（二）与球伴练球时应注意的礼仪

（1）与球伴打球或比赛时，发球的运动员应先观察对方是否已经做好接发球的准备，最好将球高举过头顶向对方示意。在对方没准备好的情况下将球发出去会使对方接不到球，同时也存在被来球击中身体的安全隐患，这也是不尊重对方的表现。

（2）练球时，当对方的回球靠近底线时，应主动告诉对方他打过来的球是"in"（界内）、"out"（界外），还是压线。

（3）练球时当自己击球出界或还击下网时，尽管不是有意如此，也应该向对方说声"sorry（对不起）"。细心的同学会发现"谢谢"和"对不起"是网球场上使用频率最高的两个词。

（三）进入网球场应注意的礼仪

（1）进入球场后，不要跨越球网，也不要触压球网。

（2）发球前要先确认对方是否已做好接球准备再发球。

（3）球场上不要摔拍子，也不要用脚踢球。

（4）如果打出一记幸运球（luck ball，即擦网后，改变方向和速度，落在对方场内的球，一般对方接不住），也要说声"sorry"或举手示意。

（四）赛后礼仪

比赛结束的时候，无论胜负都应该主动与裁判和对方握手。

四、观赛礼仪

网球比赛是体育比赛中对观众礼仪要求非常多的一个运动项目，只有了解了基本的网球礼仪和网球规则，才能更好地欣赏比赛。

（1）观众应该在比赛开始之前坐到自己的座位上，不能随意停留在过道或坐在栏杆上看球。比赛开始后，要保持安静，关闭所有的无线通信设备，尽量不在赛场接听电话。

（2）吃东西、互相聊天、喧哗和走动都是不可以的。观众只有在球员交换场地休息的 90 秒内，可以起身活动。运动员有权因为观众的不安静停止或推迟比赛。

（3）比赛中不得使用闪光灯拍照。闪光灯是扰乱选手视线的"一级杀手"，它会严重地影响选手的击球，尤其是发球。因球场较小，距离球员较近的相机快门声也会对球员产生一定的干扰。

（4）比赛中，当捡到球员打飞的球后，应在比赛暂停时将球扔入场内，千万不可以在比赛进行的时候将球扔进场内。在一些重大国际比赛中曾出现过球迷争抢打到看台上的网球，且拿到球后据为己有的情况。按网球礼仪来讲，对待这种球要在形成死球、一分结束后，将球扔回场内。只有比赛结束后，选手打向看台的球才能拿走，留作纪念。

（5）比赛中不得与裁判或球员进行任何形式的谈话，包括询问比分和对判罚提出异议。

（6）婴儿一般不被允许携带入场。因为婴儿的声音不易控制，所以一般来说不允许携带婴儿进入赛场。年龄稍大的儿童建议在成人的陪同下进入球场。

（7）鼓掌应合时宜。当比赛双方打出精彩好球时，观众可以发出一些赞叹的声音，此时切不可鼓掌，只有在形成死球、确定这一分时才能够鼓掌和叫好。

第二节　网　球　场　地

一、标准尺寸

网球场地整体呈一个长方形，标准尺寸是长度为 36.56 米、宽度为 18.28 米。其中比赛场地尺寸是长度为 23.77 米、宽度为 10.97 米。半场对角线长度为 16.17 米。如果是两片或两片以上相连而建的并行网球场地，相邻场地边线之间的距离不小于 4.0 米。如果是室内网球场，端线 6.40 米以外的上空净高不小于 6.40 米，室内屋顶在球网上空的净高不低于 11.50 米，如图 2-1 所示。

网球场地

图 2-1　网球场

二、场地标线

场上纵横交错的白线都有各自的名称。球场两端的界线称为"端线",球场两边的界线称为"边线";在球网两侧距底线 6.40 米处与端线平行的两条横线称为"发球线";连接两发球线的中点,与边线平行的线称为"中线";中线与球网呈"十"字形,将发球线与边线之间的地面分成四个相等的区域,称为"发球区";在端线的中心,朝向场且垂直于端线的短线称为"中线标记"。全场各区的丈量,除中线外都从各线的上沿计算,场上所有的线都应是同一颜色(白色或黄色)(见图 2-2)。

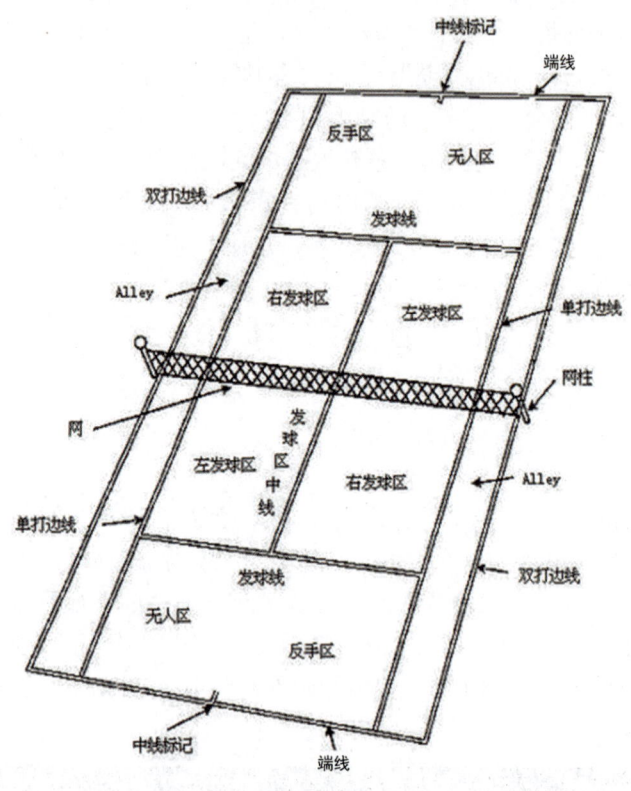

图2-2　网球场地标线

三、球场种类

网球场可分为室外和室内两大类,且有各种不同的球场表面。场地地面的材料一般由经济因素所决定。例如,草地网球是最基本的户外场地,但是其铺设和保养费用太昂贵,所以现在已由人造球场替代,它价格较便宜且容易保养。另外有一种在欧洲盛行的红土球场,法国公开赛即为这种球场。

(一)草地球场

草地球场为网球主要四种场地中的其中之一。其重要的建造材料是草皮,颜色为绿色的。著名的网球大满贯赛事之一的温布尔登网球锦标赛就是采用草地球场。

草地球场在四种主要的网球球场中,球的弹跳速度是最快的,球的弹跳高度也最低,球员们击球的准备时间不多、不太有时间去追球，因而在草地球场上，较容易击出让对方无法回击且不规则弹跳的球。因此一般而言，上网型球员的发球打法在这种场地上较占优势。

草地球场上的球速会因天气不同而有所不同，在湿冷的天气下球速会较慢，因为草地上凝结的露水会沾在网球上，而在干热的天气下球速则较快。

此外，澳大利亚网球公开赛在1987年以前也使用草地球场，不过材质为人工草地，与一般的天然草地球场相比，较少让球有不规则弹跳。

草地球场的造价与养护费用高昂且维护烦琐，除了对于场地有气候的严格限制外，种植草皮需要用掉数以吨计的种子，养护常需要洒水、养草、剪草、划线、扫线，公开赛赛季中也需要测量球场的表面弹性等，比赛结束后更需要将整片草地翻新。

（二）红土球场

红土球场更确切的说法是"软质球场"，其最典型的代表就是红土场地的法国网球公开赛。另外，常见的各种沙地、泥地等都可称为软性场地。红土场地球的弹跳速度较慢，也弹跳得较高，球员们击球准备时间较多、较有时间去追球。因而在这种球场较不易快速击出让对方无法回击的球。因此一般而言，防御型、底线型球员的打法在这种场地上较占优势。

在红土球场上打球时，脚步容易滑动。擅长打红土球场的球员，在跑动后紧急停止时常采用滑步的方式。滑步的技巧在这种场地上很重要。不习惯这种滑步的球员，在红土球场上打球时，会觉得容易摔倒，也比较容易耗损体力，红土容易弄脏球员的衣物与鞋底，因此在红土球场经常见到球员用球拍等物品将鞋底的泥土拍除。

泥地球场的独特之处在于，网球的球印容易清楚地印在球场上，便于判定球是否出界，无须如一般硬地球场那样透过鹰眼来挑战判决。

泥地球场上的球速会因天气不同而略有变化：在干燥天气，泥地球场的球速会变得稍快；在潮湿天气，泥地球场的球速会变得更慢。

（三）硬地球场

硬地球场为网球四种主要场地中之一。其重要的建造材料是石平地，颜色多为绿色。著名的网球大满贯赛事之一的澳洲网球公开赛和美国网球公开赛就是采用硬地球场。

硬地球场在四种主要的网球球场中，球的弹跳速度是第二快的，球的弹跳高度适中。球场摩擦表面决定球速，快速硬地球场让球员击球的准备时间较短、没有太多时间去追球，而慢速硬地球场则相反。因而在快速硬地球场上，很容易击出让对方无法回击的球，而慢速硬地球场则以上旋球及球员追球为多。因此一般而言，侵略型、底线型球员的打法在这种场地上较占优势。

硬地球场上的球速不会因为天气不同而有所变化。在干燥的天气或在潮湿的天气中，硬地球场上的球速都没多大变化。

硬地球场的造价昂贵，但维护时较容易，不太需要保养。

大满贯与奥林匹克运动会中的网球比赛，采用硬地球场者，使用弹性丙烯酸涂料。

美国网球公开赛一直使用美国德克瑞（DecoTurf）丙烯酸涂料，2008年北京奥运会也采用这种涂料。球场基调颜色为深蓝色，外部则为绿色，多数的硬地球场也采用这种配色，方便辨识球的落点。

澳大利亚网球公开赛原属草地球场，后来更改为慢速硬地球场，2008年改为美国柏士壁（Plexipave）丙烯酸涂料，而澳网近几年平均场地球速高于美网。球场基调颜色为蓝色，球场为深蓝色，外部为浅蓝色，这种色调的蓝色已被澳网注册为"澳网蓝"。

（四）地毯球场

地毯球场为网球四种主要场地中的一种。其重要的建造材料是地毯，其颜色为绿色。

地毯球场在四种主要的网球球场中，球的弹跳速度是最快的，球的弹跳高度也次低，球员们击球的准备时间很少，很少有时间去追球。因此在地毯球场上，较容易击出让对方无法击球。因此，通常侵略型、底线型球员和发球上网型球员的打法在这种场地上较占优势。

地毯球场上的球速不会因为气候不同而有所变化，因为地毯赛事基本上都在室内场举行。在干燥的天气或在潮湿的天气中，地毯球场上的球速都没有多大变化。

第三节 网球装备

一、球拍的选择

球拍是网球运动中最关键的武器。从材料上区分，球拍有石墨的、化纤合成材料的、玻璃纤维的、金属的和木制的等。按重量区分，球拍又可分为：轻（L）（<13盎司）、中轻（LM）（13～13.5盎司）、中（M）（13.5～14盎司）、重（T）（>14盎司）四种。由于性别、年龄、体能的不同，选手选择的球拍也各自不同。挑选球拍最基本的原则是手感舒适，也要从以下几个方面进行选择。

（一）重量的选择

轻的球拍有利于加快挥拍速度，打出更快的球速，但它不易应付强球，也容易出现翻拍，而太重的球拍又会使挥拍迟缓。一般的经验是：有力量的年轻人使用320～330克的球拍，中老年人使用300～320克的球拍，女性和青少年使用280～300克或重量为轻（L）、中轻（LM）的球拍。

（二）拍把的选择

拍把是球拍和人体接触的要点，拍把太细则不易握紧，会导致击球时球拍在手中转动，时间长了容易得网球肘；拍把太粗，击球时很难在正手握拍与反手握拍间快速转换，使手很快疲劳，灵敏度降低，从而妨碍技术的正常发挥，甚至导致不必要的拉伤。因此，在选择球拍之前测量手掌长度是十分重要的。其方法是：握拍手充分伸展，将三角尺顶角放在手掌的第二掌线上，将直尺放在无名指上，测量从第二掌线到中指指尖的长度，得出的长度就是我们应选用的拍把尺寸。

（三）拍面的选择

"甜点"与拍面的大小有关。"甜点"是拍弦上的一个区域，当球打在这个区域的时候，球的弹力较大，球速较快，手感最舒服。对于女性、初学者、老年人一般应使用拍面较大的球拍，因为拍面大，"甜点"区域相对也大，即便击球时稍稍偏离中心，对击球质量影响也不大。但大拍面相对缺少速度，控制性较差。力量较大的年轻人一般使用中小拍面的球拍，相对于大拍面而言，"甜点"区域虽小，但球速快，打点控制好。

（四）平衡点

在购买球拍时可用一只手指托住拍颈，来寻找球拍的平衡点。如果球拍往拍头方向下垂则头重，这样的球拍适合底线对打，如果拍把下垂则头轻，这样的球拍适合于网前截击（上网型打法和双打），如果球拍保持水平就是平衡，这种球拍适合底线对打、攻守兼备的全能型打法。

二、拍线的选择

拍线是网球装备中不可忽视的重要因素，一条好的拍线其重要程度绝不亚于一只好球拍，一条高质量、与球拍相匹配的拍线能最大限度地发挥球拍的特性，使其击出的球更有力、球速更快、落点更准确。拍线按材质不同可分为：尼龙线、天然肠线、纤维线（合成线）、聚酯类线。尼龙线耐磨、不怕潮湿、价格低廉，但弹性不高且松弛掉磅比较快，适合初学者使用；天然肠线弹性极佳、稳定性好，但受湿度和温度影响较大，处理不当易断线，且价格较高；纤维线弹性好、价格合理，但它不如天然肠线好，维持磅数的能力不太理想，使用一段时间易出现松弛、跑线等现象，从而影响击球的稳定性和落点的准确性；聚酯类线弹性好、耐用、控球能力强、不易掉磅，耐用性比纤维线高出3～4倍，但穿线的磅数比一般纤维线低10%左右。线的磅数是用来衡量拍线击球时对球的作用力大小的物理量。常用的线的磅数为50～60磅，职业选手可以达到70磅。那么，线的磅数对球拍的性能有哪些影响呢？线的磅数越小球拍击球时产生的弹性势能就越大，击出的球速度就越快。线的磅数小，拍面与球接触时变形很大，可缓冲来球的冲力，从而保护手和球拍，但小的磅数，使球拍的控球能力较差。线的磅数大的球拍与球接触时拍面变化不大，即使没有打在"甜点"上，球的飞行方向变化也不大，即击球的方向性较强。拍线磅数大的球拍与球接触时拍面受到较强的阻拦，球变形明显，拍面与球接触面积增大，从而使击球稳定性增强。对于初学者来说一般用小磅数的拍线，这样可以保护手臂免受伤害，而随着网球技术的不断提高再逐渐加大磅数。

三、减震器的选择

减震器可以减少和降低球接触拍面时所产生的震动，从而使我们击打球时更加舒服。减震器主要由硅和硫的混合物构成，硅的物理性质非常稳定，能长久不变形，而且能很好地吸收撞击所产生的震动，从而降低球拍的震动，使我们能更好地控制球。减震器有圆形的，也有长形的，两者的差别并不大。圆形的减震器是从一点开始扩散到球拍的"甜点"区域；而长条形的减震器是从一直线开始向整个击球区域蔓延。初学者一般应选用长条形的，因为初学者对击球点掌握并不好，球经常打不到"甜点"区域，而打在减震器上，圆形减震器在和球拍磨合不好时容易脱落，而长条形的减震器则不会发生这种情况。另外可通过球拍的材质和球拍拍壁的薄厚来减轻球拍的震动。拍壁越厚的球拍减震性能就越强，拍壁越薄的球拍减震性能就越弱。铝合金球拍的减震性能很弱，这就要用减震器，以免对方腕和虎口产生伤害；钛金属球拍的减震性能好；石墨球拍的减震性能介于两者之间。

四、吸汗带的选择

吸汗带是由 PU 材质做成的缠绕在拍柄上的窄带。其作用是：可以防止拍柄的磨损、吸附手上的汗液、减震缓冲，还可以增加手和拍柄的摩擦使选手更好地控制球拍。吸汗带依据其性能和特点一般可分为两种：干性吸汗带和黏性吸汗带。干性吸汗带一般较厚，有很强的吸收力、很好的耐磨性，适合手易出汗者；黏性吸汗带一般较薄，它的减震缓冲性能好，还可以增加手和拍柄之间的摩擦，使选手更好地握紧球拍，它的手感很好，但耐磨性较差。我们可根据个人的不同需要选用不同的吸汗带。

五、网球服装的选择

（一）网球服的选择

网球服最基本的要求是要便于活动，也要干净整洁以表示对对方、裁判及观众的尊重。一般以白色、线条简单为好，但也有以白色为主融入了其他颜色的网球服。一般来说，男子穿 T 恤衫、短裤；女性穿连衣裙或短裙短衫。由于打球时易出汗，我们要选用吸汗性和挥发性较好的纯棉制品。

（二）网球鞋的选择

一双好的网球鞋摩擦系数要高、减震性能要好、弹力指标要高。同时，不同的网球场需要穿不同的网球鞋。草地球场要穿鞋底有细密的颗粒状花纹的网球鞋；土地球场要穿鞋底有宽波沟纹路的网球鞋；硬地球场要穿鞋底较平且有细人字形纹路的网球鞋。购买球鞋时最好在运动后或者下午、晚上去购买，因为这时尺码最准确。而所选的网球鞋脚趾等部分不要有压迫感，鞋弓不要过高，过高易引起脚疲劳且不利于运动，要选柔韧性极佳的天然皮革制成的鞋，便于运动。同时，一双有防滑面料且透气性好的鞋垫也是必不可少的。

（三）网球袜的选择

网球袜和普通袜子是有区别的。网球袜底部从脚趾到脚跟是加厚针织的，与脚掌皮肤的接触面像毛巾一样柔软舒服，在脚和地面之间形成良好的缓冲层，从而减小了对脚的震荡。有的网球袜脚面部分也做加厚处理，这是在考虑缓冲作用之外，同时使球袜填充满脚和鞋之间空隙，使脚与鞋更好地合为一体。有的网球袜还加了一种特殊的纤维，这种纤维能很好地把脚上的汗排出。选购网球袜时要选比我们的脚稍大一些的，这是因为在打球时，双脚会产生自然的膨胀，袜子如果没有多余的空间，就会使双脚很难受。

六、保护用具的选择

网球运动中，腕、肘、肩、腰、膝和踝等部位容易受伤，所以专业的保护用具也是必不可少的。如踝关节在运动时活动幅度大且周围的肌肉组织比较少，极容易发生扭伤，为了避免上述情况的发生，在运动中往往要戴上富有弹性的护踝，将踝关节的转动范围限制在一定程度，以避免损伤的发生。护腕、护膝、护踝等保护用具可以缓冲和减少打球时对肌肉和关节的压力和冲力。因此，必要的保护用具也是网球装备中不可或缺的重要武器。

第四节　网球常用术语

（1）ACE：分为内角 ACE 和外角 ACE，是指发球一方发在了有效区域而对方没有接住造成直接得分的好发球，在赛点发出的 ACE 也叫"再见 ACE"。

（2）双误：连续两次发球都宣告出界或下网。

（3）出界：顾名思义，球出了边线或者底线，单打和双打的出界区域有差别。

（4）擦网：即球碰到了网带过半场，击球过程被视为运气球，如果发球擦网落在界内则重发。

（5）穿越球：突破对方防守落在界内的球，往往会引起观众满堂彩，调动气氛。

（6）高压球：对方挑高球勉强防守过来，用高压直接下分，对方很难判断对方向。

（7）保发：即保住自己的发球局。通过保发能实现一盘胜利的叫发球胜盘局，通过保发能实现比赛胜利的叫发球胜赛局。

（8）破发：破掉对方的发球局。

（9）局点：再赢一球即可拿下这一局。

（10）破发点：再赢一球即可实现破发。

（11）盘点：再赢一球即可拿下一盘胜利。

（12）赛点：再赢一球即可赢下比赛胜利。

（13）love game：一整局没有让对方拿下任何一分。

（14）截击：指在对方的行动还没成熟的时候扼杀对方的招数。

（15）吊小球：击球的力道很轻、使之刚好通过网子上方即坠下来的一球。突然吊小球能破坏对方节奏，使之来不及做出反应。

（16）制胜分：强有力的直接下分的击球，又分为正手和反手。

（17）非受迫性失误：在未收到考验情况下主动失误。

（18）一发进球率、二发进球率：指两次发球成功的比例。

（19）一发得分率、二发得分率：两次发球得分的比例。

（20）AD：40：40 平分后出现，一方先得一分时，为"占先"。

（21）切球、削球：带着强烈旋转的回球。

（22）上网：来到网前进行回球，可以发球上网，也可以随机上网。

 ## 思考题

1. 球拍的选择应注意哪些细节？
2. 选择球线时应注意哪些问题？
3. 网球场地的分类及特点有哪些？
4. 网球常用的装备有哪些？
5. 网球常用的术语有哪些？
6. 网球的礼仪有哪些？

第三章
网球运动的基本技术

本章着重为使用者构建完整的技术体系,根据击球动作模式进行分类;选取底线正反手技术、底线发球技术、网前截击技术进行着重讲解和图解示范;选取高压球技术、切削球技术、吊小球技术和挑高球技术作为技术多样化的补充。

第一节　网球握拍的类别与方法

在网球所有技术中，掌握合理的握拍方式是完成一切其他技术动作的基础。握拍的方式决定着肌肉和骨骼在击球瞬间的受力模式，从而间接影响了拍面触球的角度，使运动员在长期的训练中形成了各自独特的技术风格。首先，值得一提的是，握拍方式没有绝对的正确。运动员根据技术需要或个人喜好可以逐步调整当前的握拍方式，从而达到预期效果。但为了更好地教学与传播，国际上将常用的握拍方式进行了命名与分类：大陆式握拍、东方式握拍、半西方式握拍以及西方式握拍。为了更好地帮助初学者学习和掌握握拍方法，将球拍拍柄的八条棱与八个面作出序列标识，如图 3-1 所示，并以虎口及食指指根与掌根作为参照物，如图 3-2 所示，为每种握拍方式给出平视和俯视图解（需要注意的是，图解与教授内容均是以右手惯用手为例，左手惯用手学员请根据图示镜像学习）。

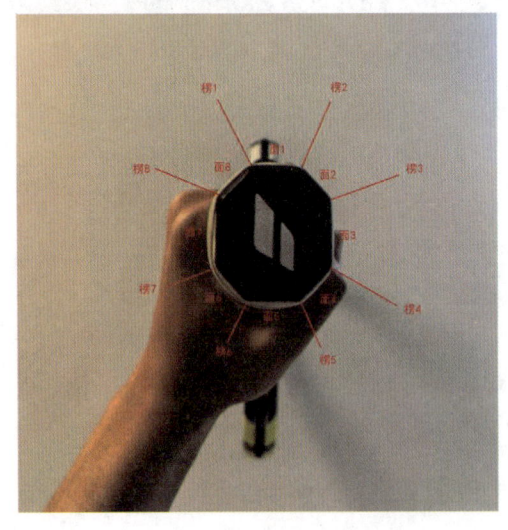

图3-1　拍柄示意图

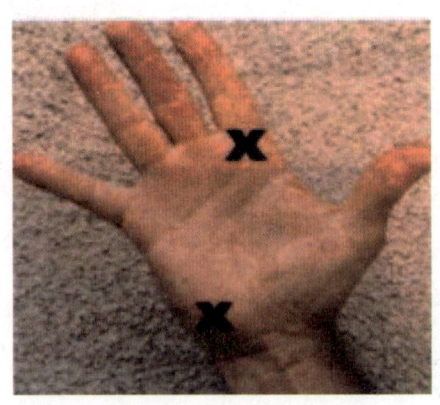

图3-2　食指根与掌根

一、大陆式握拍

大陆式握拍（见图 3-3）就是将食指根与掌根左侧（掌短肌）放在面 2 上，使虎口的 V 形在拍柄上部贴近棱 1 的地方，如果是左手则把食指根放在面 8 上。

大陆式握拍是一种可以用来做任何击球动作的握拍方式。大陆式握拍主要用于发球、网前球、高压球、切削球以及防御性击球。用大陆式握拍处理发球、高压球是最有效且最具爆发力的方式，这使前臂和手腕能够自然地向击球点挥动，腕关节也将会有更大的活动范围以提供力量。这样的结果是使用大陆式握拍方法进行击球时，运动员往往能产生更大的爆发力并且具备更好的灵活性。这种握拍法所提供的稍微开放的拍面能够击出下旋球和得到更好的控球效果，这使它成为处理网前球的最好方式。像前面所提到的，握拍方式影响到拍面角度。越是开合的拍面，越容易击打距离身体更远的球。采用大陆式握拍时，拍面与地面接近直角，这使得它的击球区域较低，也更加靠近自己的身体，所以这种握拍方式对于困难球、低球、反弹球等很有帮助。

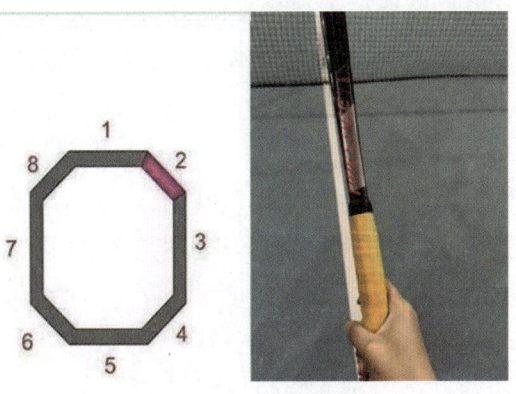

图3-3　大陆式握拍

二、东方式握拍

东方式握拍（见图3-4）是网球教学中最基本的握拍方式之一，它是一种相对直接、自然的握拍方式，也是网球初学者最容易掌握的。

采用东方式握拍时，球拍的手柄部位被放在手掌中央，与手掌紧密贴合。拇指和食指贴近球拍把手，形成一个V形，V形低端对准棱2，其他三个手指则握住球拍把手，掌根与食指指根贴于面3，使握拍更加牢固。

这种握拍方式的优点是可以使球员在正手挥拍和正手平击球时更加自然和舒适，同时也可以让球员更容易施力。但需要注意的是，受限于身体的运动幅度，该握拍在处理高球和近身球时无法顺畅发力，容易给对方进攻的机会，因此需要球员的步法移动更灵活、更快速，如图3-5所示。

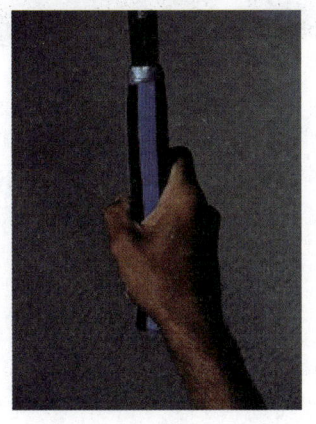

图3-4　东方式握拍

图3-5　东方式握拍击球

在学习东方式握拍时，需要注意以下几点。
（1）手掌应该放松，不要过分用力，否则会影响球员的手部灵活性和精度。
（2）拇指和食指应该紧密贴合球拍把手，其他三个手指也应该握住球拍把手，以确保握拍牢固。

（3）球员应该逐渐适应东方式握拍，并通过实践来熟练掌握这种技术。

总之，东方式握拍是网球教学中最基本的握拍方式之一。同学们可以通过不断地练习和实践来掌握这种技术，并以此为基础发展自己的"武器"。

三、半西方式握拍

半西方式握拍（见图3-6）是一种在网球教学中经常使用的握拍方式之一。这种握拍方式结合了西方式握拍和东方式握拍的一些优点，扩大了球员的击球范围并提高了稳定性。其握拍方式是将指根与掌根紧贴于面4，虎口V对准棱3。

半西方式握拍更适合于那些喜欢打上旋球的球员，因为这种握拍方式相对于东方式握拍可使拍面更加开放，这样球员就可以更容易地应对对方高弹跳的击球。通常情况下，使用半西方式握拍的球员会站在靠近底线的位置，并在腰高和肩高之间击球。这种握拍方式能够加快回球的节奏，同时更好地将旋转和平击相结合，使得击球更加有力，如图3-7所示。

图3-6　半西方式握拍

图3-7　半西方式握拍击球

不过，半西方式握拍的缺点也很明显。当处理低球或削球时，如果球员没有将重心下降到足够低的位置，那么回球就会变得非常困难。因此，在使用这种握拍方式时，球员需要注意控制好自己的身体平衡和姿态。

四、西方式握拍

西方式握拍（见图3-8）的主要优势是可以为球施加大量的上旋。因此，那些希望能够打出更多上旋球（尤其是在击球点较高时）的球员通常倾向于使用这种握拍方式。其握拍方式是将指根与掌根紧贴于面5，虎口V对准棱4。

这种握拍方式尤其适用于红土球场和慢速硬地球场上。但是，这种握拍方式在快速硬地球场上就容易暴露出缺点，除了不利于处理低球外，西方式握拍也更难与其他握拍方式进行快速转换，如图3-9所示。

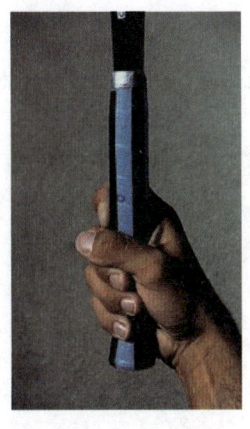
图3-8　西方式握拍

图3-9　西方式握拍击球

此外，从技术的角度来看，西方式握拍存在一些难点。在击球前，手腕需要做出大幅度的滞后，这给球员在伸腕击球过程中带来了很大的困难。因此，球员需要花费更多的时间和精力来磨炼技术，以便能够正确地掌握西方式握拍。

五、东方式反手握拍

东方式反手握拍（见图3-10）主要应用于单手反拍技术动作中。20世纪90年代的网球运动员常用大陆式握拍进行单手反拍的挥击，虽然这样能更多地将手腕力量作用于球拍的挥速，但是面对快速的回球会增加受伤的风险。因此，东方式反手握拍成为现代单反最常用的握拍方式。

东方式反手握拍要求指根与掌根贴于面1，虎口V卡于棱8，如图3-11所示。如果球员能在击球时有效地利用手腕及拍头向上的加速度，此握拍就能很好地释放力量击出上旋球。这种握拍方式可以很容易地打出平击球，也可以利用手腕来调节击球的上旋程度。同时，从这种握拍切换到反手切削的握拍方式也很快捷。所以，这种握拍方式通常更适合攻击性较强的底线进攻型球员。

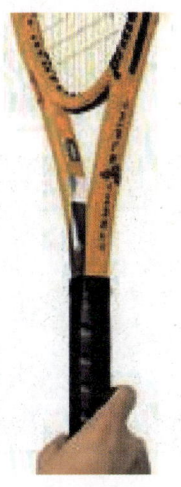
图3-10　东方式反手握拍

图3-11　东方式反手握拍击球

第二节　正手击球技术的动作要领

网球的正手击球技术是网球比赛中最常用的击球技术之一，它的重要性不言而喻。现代正手技术已经发展到了一个全新的高度，通过增加角动量和强烈的上旋，提高了击球的质量。比赛通常在硬地上进行，球的弹跳相对较高，这就需要球员运用现代正手技术来更好地处理高弹跳的球。随着击球力量、旋转和击球点等技术的不断提高，现代正手技术得到了不断的完善，并能挥出更大的击球力量。要增加这种力量，需要配合西方式握拍或半西方式握拍，这两种握拍方式可以使球员更容易处理高点球，同时击出有控制性的强力上旋球。因此，现代正手技术已成为网球运动员都必须掌握的基本技能。

一、握拍法

正手击球技术通常采用东方式握拍及半西方式正手握拍法。

二、步伐与站位

正拍击球技术

无论选择哪种方式的正手击球技术，球员都必须采用适宜的站位方式，并且了解常用步法以及如何在场上快速移动。

（一）步伐

优秀球员的标志之一是拥有优雅流畅的移动脚步。比赛中的大部分时间，球员会将身体朝向对方，实时观察来球的路线。因此，步伐需合理地运用到网球移动技术中。其中，侧滑步常用于短距离横向回位，前交叉步适用于大范围的回位调整，后交叉步适用于后退高压球或后退调整球。还有一些高阶的步伐需随实际情况灵活运用。

（二）站位

站位通常会影响球员的击球方式，正手击球经常使用三种站位方式，分别是"关闭式"站位、"半开放式"站位和"开放式"站位。比赛时，球员可根据临场情况选择合适的站位方式，如图 3-12 所示。

（1）"关闭式"站位　　（2）"半开放式"站位　　（3）"开放式"站位

图 3-12　站位

三、技术要点

为了便于对技术动作进行进一步分析，把正手击球技术动作分解为准备姿势、转体引拍、挥拍击球和随挥 4 个基本环节，以下是各环节的技术要点。

（一）准备姿势

在网球比赛中，摆好准备姿势是非常重要的一步，它可以帮助你更好地掌控球场，准备应对对方的进攻。

首先，保持直立，膝盖略微弯曲，双脚分开与肩同宽。握拍要舒适，握拍手的食指和拇指要握住网球拍的柄部低端，握拍力度适中，眼睛注视着对方和球，准备随时做出反应。其次，将重心分布在脚掌的前部，保持平衡，随时准备移动。准备姿势如图 3-13、图 3-14 所示。

图3-13　准备姿势

图3-14　准备姿势（后侧视角）

（二）转体引拍

正手动作中的转体引拍动作（见图 3-15）包含转体动作和击球时引领拍子的动作，能使拍子能够产生更大的力量和控制力。以下是网球转体引拍的分解动作。

（1）首先站在发球或回球的起始位置，双腿弯曲蓄力，重心放于两腿之间。

（2）随着对方发球或回球，将身体向后转，同时将拍子提起到背部水平线上。

（3）关闭式站位和半开放式站位需要将左腿迈向相应的合理位置。

（4）非持拍手应指向来球方向或向右侧伸出，辅助转体并维持身体平衡。

图3-15　正手转体引拍

网球转体引拍动作有以下几个要点。

（1）确保身体的平衡，避免在后续转动时失去平衡。

（2）保持松弛的肩部与手臂，以便更好地控制拍子。

（3）需要根据球的高度和速度调整转体的幅度，以确保击球的效果最佳。

（三）挥拍击球

当球到达预计击球点时，蹬地转体，此时力量由腿部—髋部—胸部—肩部自下至上逐步传导，再用大臂带动小臂，向前向上挥拍，朝来球的轨迹迎击。在击球时，手腕应该固定，拍面与地面垂直，通过蹬地发力和向左转动身体，以身体左侧为支点，将身体转动的力量很好地作用在球上，左臂与右臂保持相对位置，在确保身体平衡的同时向左后方适当发力，起到展胸及增加旋转力量的作用，如图3-16所示。最佳击球位置是在膝关节和腰部之间，但实际击球位置需根据身体具体位置与预期击球时机而判断。挥拍的过程大多是从下向上挥动，这样能让球带有一定的上旋。对于初学者来说，非常重要的是在挥拍击球时要保持目光专注于来球，直至拍面将其击中。否则，就有可能无法准确地用球拍中央部分击打球，而将球打在边框上，从而严重影响击球的效果。初学者应该注重控制拍面的方向，确保拍面对准击球的方向。因为在球接触拍面的瞬间，拍面的方向也决定了球的飞行方向。

图3-16 正手挥拍击球

（四）随挥

随挥是在击球后继续挥拍，以确保球的方向和速度，并通过这一过程降低球拍的速度，从而准备下一次的击球。具体来说，随挥是在完成正常击球动作后，将挥拍动作沿着击球方向继续向前延伸，尽可能地伸展到身体的另一侧。这个动作可以帮助球员更好地控制击球的方向和速度，并提高击球的精度和力量。在随挥的过程中，身体和手臂需要协调配合，以保持平衡和稳定性。练习随挥可以帮助球员提高技术水平，从而在比赛中更加自信和有效地击球。

随挥动作的拆解如下：触球后，保持拍子的挥拍轨迹不变，并继续将轨迹向前延伸直至最远，随后顺应拍子惯性向左肩上收拍。右臂继续向内旋转，上臂运动到与地面平行，如图3-17所示。根据来球的状态，击球后随挥动作的结束状态也有多种，但其核心目的都在于让髋、躯干和肩的运动减速，此时右脚往往会随着挥拍所产生的惯性向前跟进一步。

图3-17　正手随挥

第三节　底线反手技术的动作要领

网球反手技术是一种在比赛中广泛应用的技术。其主要目的是在进攻、防守和变换击球节奏方面提高球员的竞技水平。反手击球技术可以分为单手反拍击球技术和双手反拍击球技术两种。在过去的几十年里，随着双手反拍击球技术在国际赛事中被广泛应用，越来越多的球员转向使用这种更强有力、更易于控制的技术。尽管这两种技术的击球和发力方式有所不同，但球员通常不会同时学习这两种技术。单手反拍技术更加灵活多变，控制范围更大，而双手反拍技术则更加坚实有力。在实践中，球员需要根据自己的实际情况和比赛需求来选择适合自己的反手技术，以便取得最佳成绩。

一、双手反拍击球技术

（一）握拍法

在使用双手反拍击球技术时，双手的配合至关重要。通常情况下，其中一只手会扮演主导角色，以提高挥拍的速度。以右手持拍的球员为例，大多数球员会使用左手作为主导手，而右手主要用于保持稳定和协助控制击球的方向。正确的双手配合和协调可以帮助球员实现更高效的技术动作，并提升比赛中的临场表现。因此，在训练中应重视双手的相互配合，以最大限度地提高击球效果。

双手反拍技术

运动员们通常会选择使用东方式的双手握拍方式，即右手用东方式握拍握住拍柄低端，左手采用与右手相同的东方式握法，紧贴于右手上方握住拍柄，如图3-18所示。这种握拍方式既有助于运动员击球发力，同时也可以让球带有上旋，大多数底线进攻型打法的运动员会选择这种握拍。

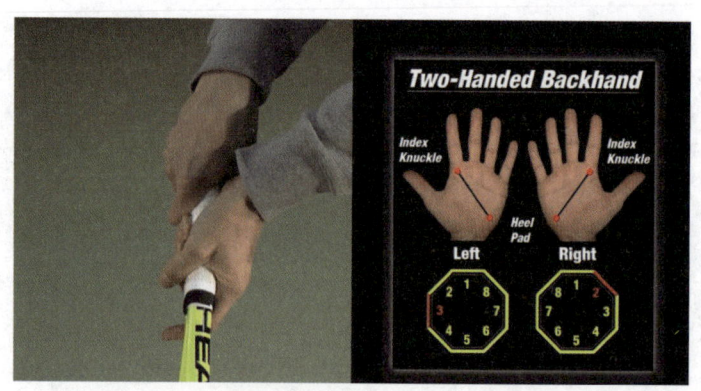

图3-18　双手反拍握拍法

（二）站位

站位和正手击球技术类似，双手反拍击球技术也分为开放式、半开放式和关闭式三种站位方式。运动员面对跑动距离不大、有充足准备时间的机会球时通常采用关闭式站立（见图3-19）双手反拍击球运动。因为前后脚的站位方式能够帮助运动员更好地转移身体重心，从而提升击球力量与操控性，以此打出制胜球或压迫对方创造进攻机会。在需要大范围跑动或节奏较快的回球中，运动员通常采用开放式站位或半开放式站位。这能帮助运动员在击球瞬间完成制动，并在击球结束后迅速回位准备下一次击球。随着国际运动员整体水平的不断提高，击球节奏与速度越来越快，开放式双手反拍击球被越来越多地应用于选手之间激烈的竞技中。

图3-19　双手反拍站位

（三）技术要点

1. 准备姿势

与正手准备姿势相同，身体正对球网，两脚自然开立，略宽于肩，双手持拍置于身体的正前方，手放松，双肘微曲，身体重心在两脚之间，膝关节略弯曲，身体放松，重心放在前脚掌，盯住来球，做好击球准备。

2. 转体引拍

同正手击球一样，双手反拍也是通过侧身来带动引拍的。在侧身引拍的过程中，运动员双臂保持相对放松和稳定，球拍击球面始终朝向前方，以保证能快速反应，进行击球。侧身完成时屈膝，身体重心落在左腿上，上体保持正直，拍柄指向来球，眼睛盯着来球，做好击球准备。新手应着重体会重心的转移及靠身体发力的感觉。双手反拍的技术动作以关闭式站位为例，如图3-20所示。

图3-20　双手反拍转体引拍

当判断对方来球飞向反手侧而决定打反手球时，运动员应立即转肩，由准备姿势快速转换成引拍姿势。同时，左脚掌转动，右脚随着身体左后方转动做向前方上步动作，呈关闭式步法，并使右肩或右背对网，拍柄底部对着击球方向，全身自然放松，注意力集中。

3. 挥拍击球

开始击球时，运动员左腿向前、向上蹬地发力，转髋转肩，用身体转动带动挥拍，由下往上、右后往前挥拍击球。这种右手大陆式左手半西方式握拍的双手反拍，击球时由左手主导发力，右手控制拍面角度。球拍接触球的瞬间，拍面应该是稳定的，拍面与地面的夹角近似90度，击球点在前脚的侧前方45度，如图3-21所示。

图3-21　双手反拍挥拍击球

向前挥拍击球时，运动员应蹬地发力并向右转动身体，以右侧身体为轴，沿着来球的轨迹迎前挥击，球拍由后下向前上方挥出。在击球时，手腕应固定，拍面垂直于地面。击球点一般在身体的左前方，高度应与腰齐平或稍高于腰。击球高度可通过屈膝调整身体重心的方式进行调节。初学者应注意，当向前挥拍击球时，朝着球网一鼓作气地回身转腰，手腕紧锁，在将要击球时，身体重心由后脚移向前脚，使身体重心顺畅地向前移动。

4. 随挥

双手反拍击球结束后，为增加击球容错率并通过一段减速过程降低球拍速度以进入下次击球前的准备动作，和正手技术动作相同，反手同样需要一段随挥动作。当球飞离拍面后，球拍应继续沿球的运行轨迹向前、向上送，收至右肩上，运动员的重心落在右脚上，左脚自然摆动以保持身体平衡和快速回位，准备下一次的击球，如图 3-22 所示。

图3-22 双手反拍随挥

反手击球动作由于腰的扭转，击球后身体面向球网，为了控制球，球拍跟进动作应向上挥到肩或头部的高度，同时保持身体平衡并准备下一次击球。

二、单手反拍击球技术

（一）握拍法

单手反拍击球技术通常采用东方式反手握拍（见图 3-10）。

单反技术

（二）站位

单手反拍技术的站位多采用关闭式站位，也就是右脚迎前迈出，与左脚齐平或超越左脚的站位方式，如图 3-23 所示。采用关闭式站位的运动员由于单手力量弱，需要更多的"蓄力距离"，而关闭式站位的"横向"身位在击球时能充分使球拍后摆，增加球拍的运动距离，从而利用球拍的惯性增加击球时的力量，值得一提的是关闭或采用，更有利于增强运动员击球时的稳定性，如图 3-24 所示。

图3-23 引拍充分后摆

图3-24 单手反拍站位

（三）技术要点

1. 准备姿势

面对球网，两脚自然开立，与肩同宽，两膝微曲，重心落于前脚掌，左手扶于拍颈，拍面垂直于地面，拍头指向对方，视线落于前方，等待来球。

2. 转体引拍

当确定要进行反手击球时，快速移动到预计击球位置，左手向右侧轻转球拍，换成东方式反手握拍，此时双手放松，右手腕微翘，转体侧对来球，保持拍面稳定，眼睛盯住来球，屈膝降低重心，调整脚步，右脚向击球方向跨出，呈关闭式步法。左手扶拍颈使拍头位于左肩后方，右肩有意识地冲向来球，蓄力待发，如图3-25所示。

图3-25　单手反拍转体引拍

3. 挥拍击球

当球即将到达合适的击球位置时，也就是身体相对于球网的左前方、膝盖与腰之间的区域，运动员重心前移，持拍手发力，使球拍由后、下向前、上方向挥击，保证拍面在击球瞬间与地面垂直，用中心击打球的中后部，如图3-26所示。

图3-26　单手反拍挥拍击球

4. 随挥

击球后，球拍继续向前推送，降低球拍速度直至球拍到达与运动员右肩齐平的位置。

此时右臂尽量舒展,左手也向后摆,保持身体平衡的同时呈"展胸"姿态,重心落于前腿,后腿脚跟抬起,如图 3-27 所示。

图3-27　单手反拍随挥

第四节　发球技术的动作要领

发球是网球比赛中最重要的一项技术,它是每一分的开始,也是唯一可以完全控制的击球方式。发球技术的优劣直接影响到发球者的优势和主动权,甚至决定比赛胜负。本节将简要介绍网球发球的基本步骤和常见的发球方式,以及如何提升发球的效果和稳定性。

一、发球的基本步骤

（一）握拍法

发球时采用的握拍法一般是大陆式握拍。

（二）准备姿势

上手发球技术

发球准备时,运动员身体放松,双脚与肩同宽,在底线后侧身站立,右脚与底线基本平行,左脚脚尖朝向右网柱,无论一区还是二区,手腕和手臂放松握拍于身体前。运动员左手持球,在拍颈处轻托球拍,减轻右手受力,达到相对放松。左手持球要求用指尖和手指中部持球,保证手心中空。

（三）抛球引拍

抛球时双臂分别向下和向上运动。左手托球,在手臂由下至上抬至最高点时将球向上直线抛出,抛球的高度应能让击球手臂完全伸直,并使击球感觉舒适。球的落点在身体前方和左脚上方,右手放松握拍,在左手抛球同时,右手举起球拍,身体向右侧旋转,双膝弯曲,肩部打开,保证在抛球后左手指向球、右手举拍并保持拍头朝上。当球到达顶点,向下运动时,右手手肘开始向上运动,同时向前平稳地送髋上步(也可不上步,如费德勒),准备用力击球,如图 3-28 所示。

图3-28 发球抛球引拍

（四）挥拍击球

击球过程的开始阶段，运动员需重心前移，手肘向上，同时发力蹬地，球拍自然下落，形成"挠背"姿势，这是发力的开端。随即向前向上蹬地，身体转动，球拍在身后做环绕动作，最后向前挥动击球，如图3-29所示。在此过程中必须尽力伸展身体，在最高点击球，击球点应在身体前方。初学者应注意不可刻意用肩部和手臂主动发力，而应体会腿部发力后，由下至上传导的整体发力感觉，这样才能在增强力量和流畅度的同时预防受伤。

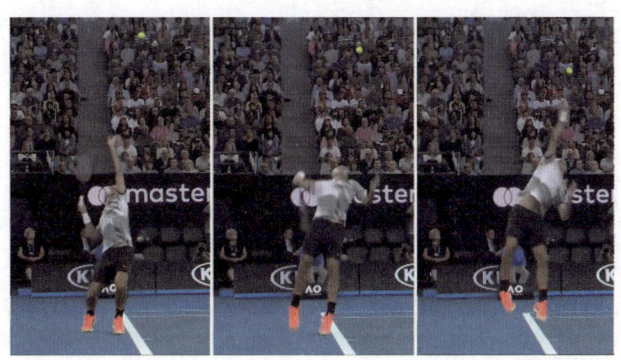

图3-29 发球挥拍击球

（五）随挥动作

击球后，运动员顺势向前方伸展球拍，并将球拍收于身体的左下方。落地时，应用左脚单腿支撑身体，自然向后屈膝抬起右腿，以维持身体整体平衡，如图3-30所示。

图3-30 发球随挥

二、底线发球的种类

发球是唯一不受对方回球影响的技术动作，它的多样性和稳定性是取得比分的重要因素之一。因此，运动员通常采用效果不同的击球方式来迫使对方回球困难，以此为自己创造进攻的机会。平击发球、上旋发球、侧旋发球是选手们最常使用的技术动作。

（一）平击发球

平击发球是发球中速度最快的发球方法，由于球的飞行弧度小，准确性要求高，一般被身材高大的运动员所采用，在比赛中也多用于第一发球。平击发球技术的主要动作结构与其他发球技术基本一致，其特点是采用大陆式握拍法，抛球在身体偏右上方。经过蹬地、转肩、身体重心的前移，以平行于球网的拍面在最高击球点向前击球的后中部。

（二）上旋发球

上旋发球能使球有明显的弧形飞行路线，旋转越强，飞行弧度越大，球的稳定性越高，球落地后反弹也越高，可限制对方的进攻性回球。上旋发球在比赛中多用于第二发球。上旋发球一般将球抛在偏左侧的位置，使身体尽量后仰形成较大弧度，球拍从左向右上方快速挥动，击球的后中部，使球产生快速旋转。

（三）侧旋发球

侧旋发球是球员经常采用的发球方法之一，它可以用于第一发球和第二发球，是初学者稳定发球所必须掌握和练习的一项技术。侧旋发球既不像平击发球那样将力量全部作用于球的水平方向而容易失去控制，又不像上旋发球那样需要一定的核心力量和较高的技巧。侧旋发球带有强劲的旋转，以曲线进入发球区，常常使接球方对接球的距离把控出现失误从而回击困难。侧旋发球时需把球抛到右侧斜上方，球拍快速从右侧中上方向左下方挥动，击球部位在球的中部偏右侧，使球产生右侧旋转。

第五节　网前截击技术的动作要领

网前截击球技术是指在对方的回球落地前，于空中击球并将球回入对方场地，以此达到加快击球节奏，压制对方，缩短对方回球准备时间的效果。采用此项技术时运动员通常站于网前，因为这样不仅能够缩小对方的进攻范围，还能增加自身击球后，网球落入对方场地的成功率。

一、正手截击

（一）握拍法

网前截击技术通常采用的是大陆式握拍，能够快速地在正手和反手之间进行转换且不需要更换握法，大大地减少了从反应到挥拍

正拍截击球技术

击球的准备时间。由于身处网前，与对方球员距离短，球速快，因此大陆式握拍这种不需要转换握拍就能进行正反手击球的握拍方式几乎成了所有运动员的选择。

（二）准备姿势

和底线正反手技术的准备姿势稍有不同，因需要尽可能短的反应时间，网前截击技术应将拍子向上举，使拍头和视线齐平。双脚开立与肩同宽，降低重心，并前倾将重心落于前脚掌，如图3-31所示。在比赛中，运动员常采用分腿垫步作为准备姿势的延伸，通过蹬地快速地向任何方向移动，调整击球位置。

图3-31　网前截击准备姿势

（三）转体引拍

判断来球后，运动员迅速转体，重心落在右侧脚上；将拍子横向拉于身侧靠前的位置，引拍距离要短而快速，拍头位于击球点上方，朝向天空，拍面与击球方向垂直。

（四）挥拍击球

击球时，运动员左腿向右前45°大步跨出，左手向来球方向伸展，同时身体重心跟进，持拍手将球拍由后上方向前下方挥击，在身体前侧击打球的中后部，如图3-32所示。在这个过程中，运动员的左手始终与球拍保持约30厘米的距离，并固定住手腕、肘、肩等关节，初学者需体会用身体重心的移动作为力量来源的击球方式。

图3-32　正手截击挥拍击球

（五）随挥

击球后，球拍顺应惯性继续向前挥动，并保持拍面始终朝向击球方向（见图3-33）。

图3-33　正手截击随挥

二、反手截击

（一）握拍法

反手截击采用的握拍法一般是大陆式握拍。

（二）准备姿势

反拍截击球技术

与正手截击相同，反手截击的准备姿势是拍头和视线齐平，运动员双脚开立与肩同宽，双膝明显弯曲，重心降低，身体稍稍前倾将重心落于前脚掌，目视前方。

（三）转体引拍

与正手截击类似，在进行反手截击转体引拍时，运动员快速将拍头横向拉于身体左侧与头顶齐平的位置，左手扶拍颈，重心落于左腿，如图3-34所示。

图3-34　反手截击转体引拍

（四）挥拍击球

击球时，运动员右腿向左前方45°大步跨出，身体重心由后向前移动，右手持拍向前向下挥击，于左前方击球，左臂顺势侧平展开，呈"扩胸姿态"，如图3-35所示。

（五）随挥

反手截击随挥动作与正手截击随挥动作类似，击球结束后，球拍顺应惯性继续向前向下运动，维持手臂与球拍的夹角不变，并保持拍面始终朝向击球方向。

图3-35 反手截击挥拍击球

第六节 高压球技术的动作要领

网球的高压球技术是一种能够有效压制对方的进攻手段。它要求运动员能够准确判断对方的挑高球的落点和弧线，及时移动到位，利用腿部、腰部和上肢的协调发力，将球以平击或切削的方式打向对方的空当或迫使对方失误。高压球技术需要运动员有良好的手眼协调能力、扎实的发球动作基础和强大的自信心。高压球技术的变式技术有落地高压球、后场高压球和反手高压球等，运动员应根据不同的情况选择合适的击球点、击球方向和落点，以达到最佳效果。

一、基本技术

（一）握拍与移动

高压球与网前截击球一样，所采用的握拍方式都是大陆式握拍。打高压球时，运动员需在准确判断来球位置及轨迹的基础上，以交叉步、滑步或并步的方式快速侧身移动到球即将下落位置的后面。打高压球对步法的灵活性及准确性要求非常高，因为来球不受己方控制，球在空中飞行时可能会因风向、旋转等因素而产生一些难以预知的变化。这就要求击球者快速反应、灵活移动、准确取位以获得理想的击球点，否则很难打好高压球。即使在感觉已经处于很好的位置时，双脚也要不停地在原地做碎步调整，这对保持重心灵活很有好处。打高压球时要避免双脚完全站"死"，应时刻保持脚下的灵活以应对击球落点的变化。打高压球时无论以什么样的方式移动身体，最后都应采用双脚一前一后的方式站位，即持拍手同侧的脚在后，另一只脚在前，两脚的连线与球网近乎垂直。

（二）引拍与准备

类似于发球的准备姿势，在脚步开始移动后，侧身并迅速将球拍摆至肩上，拍头向上，左手自然上抬，眼睛盯球，做好击球准备。高压球在移动定位时非持拍手应指向空中的来球，这不仅有助于判断击球点的位置，在调整步法的同时也起到保持身体平衡的作用（见图3-36）。

图3-36　高压球引拍与挥击

（三）挥拍击球

在确定准确的击球点后，运动员迅速移动至合适位置，并以双脚为支点，身体由下至上完成转体动作，同时收紧核心，向前挥拍击球。与发球技术不同的是，挥拍击球时击球点的位置越靠前越有利于发力和对球的控制，但仍需确保球能成功越过球网。到达击球点时，运动员身体应该完全面向球网。这与发球时追求高点的原则有所不同。

与发球时的技巧相似，在挥拍击打高压球时并非仅仰赖手臂或手腕的甩动来产生力量，而是需要腰腹、腿部以及整体身体协调发力。在挥拍的过程中，手臂也经历了"挠背姿态"并在迎击球的过程中向前伸展。在感知高压球技术的发力时，不应过于强调硬压大臂，追求所谓的"压"球，而是要将小臂和拍头迅速"甩"动来实现更放松、更有效的击打方式。

（四）随挥

高压球的随挥动作仍然保持发球的姿势，击球后顺势把球拍收回到持拍手的一侧腿边即可。这个动作比较适合击球点在合适的位置（如身体的前上方）时做。如果击球点太靠后或太偏，不利于正常发力，那么随挥动作就可能被迫用扣腕或旋腕来代替，这就需要击球者有很好的腰腹力量和手腕的控制力，初学者在这种情况下最好量力而行，否则容易受伤。

二、高压球的变式

（一）落地高压球

网球的落地高压球是一种高难度的技术，需要在对方打出直上直下的高球时，等球落地弹起后再打。这样可以增加打高压球的把握和信心，也可以给予对方更大的压力。落地高压球的要点有以下几个。

反拍截击球技术

（1）移步调整：要迅速退至球的正下方靠后一点，调整好击球点的位置，一般在身体的前方略靠外侧的位置，稍稍靠近持拍肩膀一侧。

（2）挥拍的方式：要像发球一样向前向下击球，拍面要在击球的瞬间完全打开，以平击方式触球。手腕要紧固，集中精神和力量。

（3）击球方向与落点控制：可用切球的方式，让球拍在击球的一瞬间以某个角度接触到球体，无论是将球击向斜线还是直线，都必须能够调动对方在更大范围的区域内做防守。落点要对准发球线与底线之间，这样才能提高击球的成功率。

(二)后场高压球

网球的后场高压球是一种在上网后被对方反击一个超身球(过头球)情况下的抢救性措施,虽看起来有些被动,但发挥好了一样可以重创对方乃至得分。后场高压球的技术要点包括以下几个方面。

(1)转身与准备姿势:在对方挑高球后,迅速转身,将身体与球网垂直,持拍手臂抬至头部高度,做出类似发球的"托举奖杯"姿势准备击球。

(2)后退步法的运用:根据来球的速度和落点,选择合适的后退步法,如侧步、交叉步或两者结合,移动到合适的位置。如果移动仍不到位,还可以采用剪刀式跳起高压的方法。

(3)挥拍的方式:在击球前保持抬头姿势,让持拍手臂充分伸展,球拍向上击球,击球点在身体的前方略靠外侧的位置。根据握拍方式和旋转需求,调整拍面角度和手腕动作。

(4)击球方向与落点控制:后场高压球并非只是扣杀,而是要运用力量和旋转相结合,将球打进空档或对方的身后。如果距离网前很近,可以采用平击方式,将球狠狠地扣在对方的底线附近。

(5)击球时机的选择:为了准确捕捉击球时机,要在对方挑高球的瞬间就做好引拍动作,并且比发球引拍还要早,同时要用眼睛和手臂协调地捕捉来球的轨迹和位置(见图3-37)。

图3-37 后场高压球挥击

(三)反手高压球

当对方挑高球至反手位,无法使用正手高压球时,可使用反手高压球。由于反手高压不容易发力,故在比赛中运用较少。反手高压球时,一般采用东方式握拍法或大陆式握拍法。击球前及时向左充分转体侧身,并向左后侧跨步,将重心移至左脚,提肩抬肘,向左后引拍,拍头低于手腕与肘关节。击球时,双腿蹬地,利用上身的伸展加快球拍的挥动速度,在身体上方的位置击球。击球后手臂应立刻减速直至停止挥动,腕部弯曲,背部向着球网(见图3-38)。

图3-38 反手高压球挥击

第七节　切削球技术的动作要领

网球的切削球技术是一种能够改变球的旋转和速度的技术。它可以让对方难以应对，也可以为自己创造进攻的机会。网球的切削球技术主要分为正手切削和反手切削，其中反手切削更常用，通过它，运动员可以更好地控制球的高度和深度。网球的切削球技术需要多加练习才能熟练掌握，它可以让你的战术更加灵活多变，在比赛中占据优势。

一、正手切削技术的要领

（一）握拍法

一般采用大陆式握拍法，这样能够使击球的动作更隐蔽。

（二）站位和步法

正手的切削球多采用关闭式步法，但在极限防守的情况下，开放式站位的削球能够使球员快速"制动"，稳定身体，并在击球后回位，做好下一次迎击的准备。

（三）引拍和挥拍

正手的切削技术在落地后产生反向旋转的效果，可以使对方难以控制回球的高度和速度，从而获得主动权。因此，击球点一般选择在身体前方稍低于网高的位置，这样可以让拍面在击球时从下往上划过球面,增加切削力度。挥拍的轨迹一般是从后向前、从外向内，这样可以让拍面在击球时沿着球面的斜线方向切过，产生反向旋转，如图3-39 所示。

图3-39　正手切削

（四）随挥

正手切削的随挥起着重要作用。因为随挥动作的轨迹和拍面的朝向直接影响着击球的方向和速度。一般来说，拍面越垂直于地面，随挥的轨迹是向下的趋势，则切削的球会变得平而快。相反，拍面越倾向地面平行，随挥的轨迹是向上的趋势，则击出的球会慢而飘，适合放慢节奏。

二、反手切削技术的要领

（一）握拍法

一般采用大陆式握拍或东方式反手握拍，这样可以保持拍面的稳定和垂直。

（二）站位和步法

根据来球的高度和速度，选择半开放式站位或关闭式站位，运动员使用快速奔跑或交叉步移动到合适的位置。

（三）引拍和挥拍

在转体和转肩的同时，用非持拍手带动球拍到身侧，拍面向后（见图3-40），然后从上到下、从后到前切砍球体的后部，使球产生强烈的下旋，同时要注意向前送拍，给球以向前的力量（见图3-41）。

图3-40　反手切削引拍

图3-41　反手切削重心向前

（四）随挥

击球后，要继续向目标方向推送拍面，保持侧身姿势，避免过早转身。收拍时，拍面应该是开放并且稍微抬高，呈 U 形轨迹。非持拍手臂应该向相反方向后摆，保持身体平衡。

第八节　放小球与挑高球技术的动作要领

在网球比赛的相持球中，放小球和挑高球常作为打乱对方击球节奏或调整自身节奏的手段。由于这两种技术动作发力模式和动作结构类似，因此放在同一节中为读者讲解。

一、放小球技术的动作要领

网球的放小球技术是一种能够打乱对方节奏，创造进攻机会的高效打法。放小球的要点是控制好力量和旋转，使球落在对方近网处，并且产生向后反弹的效果。放小球的时机要根据对方的站位、重心和回球质量来判断。一般在对方离网较远,或者回球较浅或较软时,可以放小球。放小球的动作要隐蔽,不要让对方提前察觉,可以用大陆式握拍,拍面稍开,从下向上切球,产生下旋。放小球后要跟进到发球区附近,准备接下一板。放小球技术需要多练习,才能提高准确度和稳定性。

放小球的时机之一是,当对方前后移动慢,网前技术差时,把对方从后场引至前场,创造进攻得分机会;另一个时机是,当对方站在后场或大角度跑出场外时,突然放小球,使对方来不及回位而得分。掌握了放小球技术,可使自己的打法灵活多变,令对方捉摸不定。

(一)握拍法

为了使击球具有隐蔽性,正、反手放小球的握拍相同,可使用东方式或大陆式握拍法。

(二)准备姿势和引拍

球员的站位姿势和引拍动作应与正、反手击球动作一样,以使动作具有隐蔽性。放小球的击球动作类似于切削球,相比较而言它的引拍动作幅度要稍微小一些,而随挥动作幅度要小得多。实战中,观察对方的位置后,可向前突然卸力下切来球,通过轻巧的触球让球产生下旋,这样可以使球刚好过网,并且反弹得很低。

(三)击球

用眼睛跟踪来球,击球的下半部,拍面在触球时向上打开,手腕放松,球拍在触球时向下移动。在最后一刻向上倾斜拍面也能增加下旋,但要隐蔽动作,不要让对方看出来。要控制好挥拍速度,在球拍即将与球接触的时候逐渐减慢拍速能够卸去力量。放小球时不要握拍太紧,放松持拍手,轻握球拍能够让自己的击球动作更柔和,并且能够提高触球瞬间的感觉。击球时要在能够控制的范围内尽量多地打出下旋,尽量要让球落在靠近球网的位置。

(四)随挥

随球动作幅度很小,通常大约在腰部高度结束,随球动作结束时,拍面打开。

二、挑高球技术的动作要领

挑高球是一种将球打得又高又远,最高点高于对方所能达到的最高击球点的位置,并落在对方后场的技术。在网球比赛中,挑高球适应各种局面,因为挑高球既可以用来防守,也可以用来进攻。例如,当运动员处于被动状态时,可以用挑高球来缓解压力和转换节奏;当对方上网时,己方可以打出带有强烈上旋的高球,利用这种球的弧线高、下落快、反弹急的特点,让球飞过对方头顶,迫使对方转身追球,这往往是一个破网得分的机会,也可以让对方陷入困境。对于网球初学者来说,可以把挑高球练习作为锻炼基本功的有效方式,争取在任何情况下都能够挑高球,并且掌握不同效果的高球,这样才能在提高自己防守能力的同时增加一种得分的手段。挑高球技术主要有进攻型挑高球和防守型挑高球两种。

（一）进攻型挑高球

进攻型挑高球也叫上旋高球。球在落地后因强烈旋转能够弹跳得更高更远，从而迫使对方失误。击球时拍面微朝上，拍头低于手腕，由后下向前上挥拍，做弧线型鞭击球动作，擦击来球，以产生强力上旋。击球点在身体侧前方，重心不可过于向前。击球后，球拍必须朝着自己设想的出球方向充分跟进，击球后的动作要放松并在身体左侧结束。

（二）防守型挑高球

防守型挑高球也叫下旋高球。它的飞行弧线高，较上旋高球更容易控制，具有失误少的优点。在底线对打被对方打离场地时挑下旋高球，能赢得时间使运动员回到有利的位置。击球时拍面朝上，触球是在球的中下部，由后下方向前上方平缓挥拍击球，似"舀送"动作的击球法。为了更好地控制球的高度和深度，尽量使球在球拍上停留的时间长一些，动作要柔和。

思考题

1. 正手常用的握拍法有哪几种？它们的握法分别是什么？
2. 反手击球技术有几种？它们分别叫什么？
3. 发球的发力链的源头是身体的哪个部位？
4. 反手切削技术挥拍的轨迹是什么样的？
5. 放小球的时机有哪些？

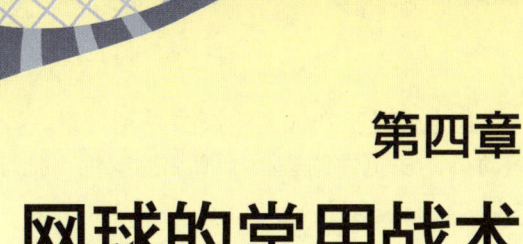

第四章
网球的常用战术

本章着眼于为使用者构建完整的网球战术体系,在介绍网球战术基本概念的同时,分别对单打比赛和双打比赛的战术类型、战术运用、注意事项进行了详细深入的说明和分析。最后对本章重点内容进行了简要提问。

第一节　网球战术的概述

一、网球战术的概念

网球战术是指运动员在比赛中为表现出超高的竞技水平和取得比赛胜利而采取的手段和行动。任何战术的目的都是为了在比赛中可以更好地发挥自己的技术特长，制约对方，掌握比赛的主动权，从而取得比赛的胜利。

战术在比赛中是不断变化的，以便适应并且破坏对方的战术，从而掌握比赛节奏，抓住对方弱点，给予攻击。战术对高校网球运动员来说也起着至关重要的作用，在掌握基本技术的同时也需要学习战术，通过战术将技术更好地展现出来，从而更加深入地了解网球运动的乐趣并且取得比赛的胜利。

二、网球战术的基本要求

（一）强化运动员击球稳定性及控制性

稳定性是指在比赛中减少主动失误，甚至保持击球不失误，避免非受迫性失误。运动员在稳定性的基础上增加控制性，把球打到预先设想的位置上和对方场地的空当区。

（二）提高攻击性

攻击性是指比赛中设法进攻，打出制胜分或迫使对方失误。对于初学者来说，把球击深，本身就具有较大的攻击性与威胁性：一方面能给对方施压，另一方面便于自己进攻。

（三）抓住对方的弱点

在比赛前的准备活动中和比赛开始阶段，要善于观察对方的技术特点，然后抓住对方技术环节中的弱点进行战术安排。在初级阶段中，选手常见的弱点有：底线击球时正反手会出现偏弱的一边；网前截击会出现控制不好力量等问题。因此，在比赛中要抓住对方的弱点，耐心地寻找机会。

第二节　单打的基本战术

一、单打战术的类型

单打是指在一个长 23.77 米，宽 8.23 米的网球场上进行比赛，中途没有暂停，没有同伴的帮助。运动员必须依靠自己保持头脑冷静，运用独立作战的能力，从而达到获得比赛胜利的目的。单打要求运动员具有很强的适应能力，面对不同的对手、不同的场地、不同的气候类型，可以灵活多变，根据自己的技、战术特点，把各种战术有机地结合起来运用。单打战术一般分为上网型战术、底线型战术、综合型战术。

（一）上网型战术

上网型战术的打法在实战中较为常见，尤其在草地等快速球场上更是如此。上网型战术的打法主要是利用网前技术作为主要的进攻得分手段。它要求运动员具有突出的移动速度、反应能力和控球能力，能够在空中截击来球，利用节奏和落点的变化使对方受迫，从而造成对方失误。它的基本战术可分为发球上网、随球上网、接发球上网、偷袭上网。

1. 发球上网战术

发球上网战术是上网型选手利用发球的力量进行主动攻击，先发制人，然后上网抢攻的一种战术，是上网型选手在比赛中的主要得分手段。

（1）右区发外角球战术：利用速度较快的平击发球或侧旋球发向对方外角（使对方基本在外场回球），发球后快速跑至发球线中线偏左侧的附近，迎击对方正拍直线球或角度不大的斜线球。

（2）右区发内角球战术：利用大力平击发球或者上旋球控制对方进攻，发球后快速向中场附近跑动，判断对方击球角度并伺机截击对方的回球，回球目标应向着对方的底线的两个角尽量打深（见图4-1）。

图4-1　右区发球上网战术

（3）左区发外角球战术：利用平击大力发球或发侧旋球使对方在边线附近回球后迅速跟进冲向中场偏左侧，截击对方击到本方中场附近的直线或斜线回球，回球目标为对方底线两个角（见图4-2）。

（4）左区发内角球战术：利用平击大力发球或发侧旋球使对方在中线附近回球，发球后迅速跟进冲向中场稍偏向右侧，截击对方回到本方中场附近的斜线球，回球目标为对方底线两个角。

图4-2　左区发球上网战术

2. 随球上网战术

随球上网战术主要是指在实战中当对方回球出现质量不高的中场球或落点较浅的球时，用正拍或反拍抽出较大角度和较深落点的球，并随着抽球动作上网的战术。它在比赛中是一项主要得分手段。该战术要求在上网时看准时机，只有在对方回球出现质量不高的中场球时方可采用该战术，值得一提的是，在击打对方质量不高的来球时必须较好地控制抽球动作，并做到抽出落点深、角度大、速度快的球，以保障上网截击的绝对主动。随球上网战术既要做到看准时机果断上网，又要有能力主动创造机会争取上网。

随球上网战术有三种基本形式。

（1）利用平抽或上旋抽球击出较深落点的球，使对方无法主动发力而回球较浅，随着击球动作上网。根据对方回球线路有以下几种进攻路线。

① 对方回球位于正拍击球位时，可回击对方直线或斜线球，抽球目标为对方底线两个角或打出小斜线。

② 对方回球位于中线附近反拍击球区域时可回击对方直线或斜线球，击球目标为对方两个底线的角。

③ 对方回球位于反拍三分之一区域时，或球速较慢的来球落点在反拍三分之二位置时，可采用正拍侧身攻球抽对方的斜线或直线。

（2）利用平抽、上旋抽球、削球技术击打出角度大、落点较深的左斜线球（按己方击球方向），使对方回球困难而出现浅落点小角度的回球。在自己击球后随动作上网。

上网后击球路线根据对方回球落点有以下几种。

① 对方回球位于正拍击球区域时打直线球，击球目标为对方底线左侧角。

② 对方回球位于反拍击球区域时打斜线球，击球目标为对方底线左侧角。

③ 对方回球位于反拍位置而且来球速度较慢时，利用正拍侧身打出斜线球击球目标是对方底线的左角。

（3）利用平抽、上旋抽球、削球技术击出角度大、落点较深的右斜线球（按己方击球方向），使对方被动接球出现浅落点、小角度的回球。在自己击球后，随击球动作上网攻击。根据对方回球落点和角度，上网后的击球线路有以下几种。

① 对方回球位于己方正拍击球区域时，利用正拍抽斜线球，击球目标为对方底线右角。

② 对方回球位于己方反拍击球区域时，利用反拍抽直线球，击球目标为对方底线右角。

③ 对方回球位于己方反手击球位置但球速不快的情况下，利用正拍侧身攻抽斜线球或直线球，击球目标为对方接近底线的两侧边线附近。

3. 接发球上网战术

接发球上网战术主要针对回击对方的二发。比赛中每位球员均有两次发球机会，第一次发球失误后的发球被称为二发。由于二发无论从力量上还是从速度上都要小于一发，所以二发的攻击性比一发要小得多，有利于接发球方。接发球上网战术就是以此为实施基础的。接发球上网战术要求运动员具备较快的反应速度和起动速度，而且上网接发球一般要打球的上升期，这对上网前的接发球技术要求较高，通常要有较强的上升期击球技术做保障。网球爱好者可以通过针对性练习使该技术得到提高（加强上升期击球练习），如图4-3所示。

（1）对方右区二发己方外角球时，可利用拉抽上旋球、正拍击下旋球（切削球）或推送式击球方法打直线球，击球目标为对方底线左角。

（2）对方右区二发己方外角球时，可利用平抽或抽上旋球打斜线并随之上网，击球目标为对方底线右角附近。

（3）对方右区二发己方外角球时，可利用平抽中路或抽上旋球打小斜线并随之上网，击球目标为对方底线中路或边线右角附近。

（4）对方右区二发己方内角球时，可利用反拍抽上旋球、反拍击下旋球（削球）打对方底线的两个角并随击球动作上网。

（5）对方右区二发己方内角球时，如果其落点位于反手位但靠近身体时，可利用正拍侧身攻球打斜线，并随击球动作上网，击球目标为靠近对方底线左角的位置。

（6）对方右区二发己方内角球时，如果其落点位于反手位但靠近身体时，利用正拍侧身攻球打对方底线靠近右角的位置，击球后随动作上网。

（7）对方左区二发内角球时，可以正拍稍侧身抽斜线或直接抽对方底线左侧角，击球后随动作上网。

（8）对方左区二发内角球时，利用正拍抽球、下旋切击球或推击的击球方法。

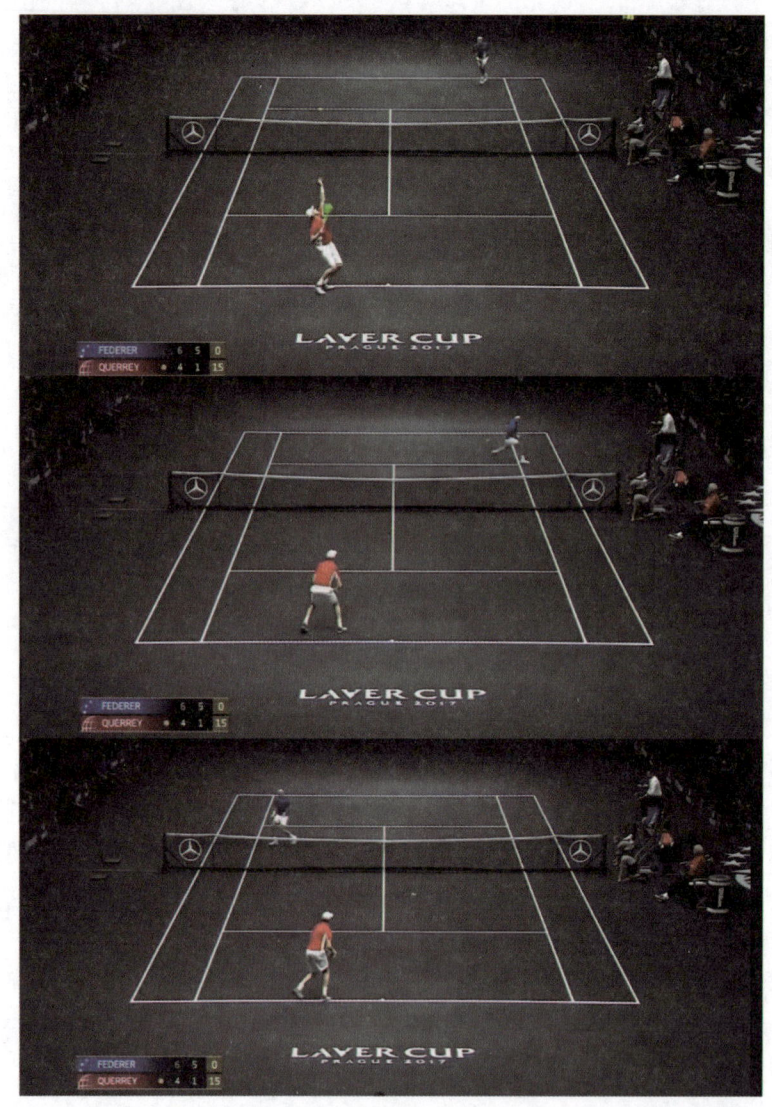

图4-3 接发球上网战术

4. 偷袭上网战术

偷袭上网战术主要是指利用在比赛中对方只注意去对付一种打法而忽略了去对付其他打法的情况，使用的一种变换上网战术。这种战术能够打破对方的攻防节奏，为自己创造得分机会。

（1）在运用发球上网战术时，对方已适应，此时突然不发球上网，而改用伺机随球上网战术，这样通过发球上网战术、随球上网战术的不断变换使用，达到偷袭和扰乱对方的目的。

（2）在底线对拉、对攻中，在对方专注底线打长球时、突然加力或拉上旋高球时或在打向对方反手深区时，偷袭上网战术常可使对方措手不及而造成失误。

（二）底线型战术

底线型战术是指以进攻性打法为前提，正、反手抽击球为基础组织的战术。它的指导思想是必须用控制速度、力量、准确、旋转、落点取胜。常用的方法有逼右攻左，逼左攻右，攻击对方的弱点，打对方不喜欢打的球。底线型战术主要有对攻、拉攻、侧身攻、紧逼攻、防守反攻。

1．对攻战术

底线型对攻战术，是指利用底线正、反手抽击球具有强大的连续进攻能力，配合速度和落点变化与对方展开阵地战，力争主动，从而达到攻击对方，控制对方的目的。

（1）以正、反手抽击球的速度、力量、攻击对方的弱点，用速度压住对方。

（2）用正、反手强有力地击球，连压对方一点，突击其另一点。

2．拉攻战术

拉攻战术是底线型打法中比较普遍的一种战术，它是以底线正、反手拉上旋球，或正手拉上旋，反手切削球，迫使对方左右跑动，一旦出现机会，马上给予对方致命一击。

（1）正手、反手拉强力上旋至对方底线两边大角深处，不给对方上网及底线起板反击的机会，寻找时机进行突击。

（2）正手、反手拉上旋球时，加拉正、反手小斜线，使对方增加跑动距离并出现低质量的回球，然后伺机进攻。

（3）逼近对方反手深区，伺机突拉正手。

3．侧身攻战术

侧身攻战术是底线型打法中的一项主要进攻手段。它是利用强有力的正手击球，配合良好的判断和步法移动，在三分之二的场地上用正手对对方施加有力的攻击。

（1）连续用正手进行攻击，创造得分机会。

（2）用正手进攻，调动对方移动，反手控制落点，伺机用正手突击进攻。

（3）用全场正手逼攻对方反手，再突击变线正手。

（4）用正手进行攻击时，连续打出重复球，使对方重心调整不过来，而出现被动或失分。

4．紧逼攻战术

底线型打法的紧逼攻战术是以快速的节奏对对方进行攻击的一种重要战术，也是当今世界优秀选手们常用的一种攻击对方的战术，紧逼攻战术主要是发挥其良好的底线正、反手抽击球技术，迎击上升球，准确地控制落点，节节紧逼，以达到战胜对方的目的。

（1）接发球时就紧逼抢前进攻，使对方发球时产生心理压力和发完球后有来不及准备的感觉。

（2）连逼对方反手，突击正手，伺机上网。

（3）紧逼对方底线两角，使其被动或回球出现错误，伺机上网。

5．防守反击战术

防守反击战术在底线型打法中占有很重要的位置，在执行防守反击战术时，利用良好的底线控制球能力，发挥判断准、反应快、步法灵、体力好、击球准确的特点，来调动对方，以达到在防守中寻找机会进行反击的目的。

（1）在对方运用发球上网战术进攻时，接发球方可采用迎上借力击球，把球打到对方脚下或两边小角，然后准备第二拍反击破网。

（2）对方进行底线紧逼进攻战术时，可采用底线正、反手上旋球将球发至对方底线两边大角深处，不给对方进攻得分的机会，然后再伺机进行反击。

（3）在对方运用随球上网进攻时，应提高底线破网第一拍的成功率和突击性，以及破网的质量，以寻求第二拍破网反击的机会。

（三）综合型战术

综合型战术是以技术全面、基本功扎实为基础，将底线战术与网前战术有机结合，根据不同的对手和不同的技战术掌握情况，结合场地特点与战术的需要，灵活运用各种打法的一种战术。综合型战术的特点是积极主动、技术全面、战术变化多样，具有非常稳定的发挥。

1．对付发球上网型战术

采用接发球破网或先保持接发球成功率，再准备第二板破网。

2．对付接发球上网型战术

提高一发命中率，变换发球方式及落点，以控制场上主动权。

3．对付随球上网型战术

采用底线长球和底线两个大角度的调动，不给对方上网的机会。如果对方随球上网，采用两边节奏不同的破网或挑上旋高球破网。

4．对付底线上旋球战术

采用发球上网或随球上网战术以及用正手进行对拉或反手切削控制落点变化，寻求进攻机会。

5．对付底线稳定型战术

采用发球上网或者随球上网及底线紧逼战术，以打乱对方的节奏。

二、单打战术的运用

1．发球时的战术运用

发球技术在网球比赛中有着非常特殊的意义。其一，发球是在比赛中完全由自己掌控击球节奏、唯一不受对方影响的击球技术；其二，比赛中每一分都是由发球开始的。由此可见，发球技术在网球运动中有着举足轻重的地位，每一个选手都应充分利用发球来控制场上局势。

1）一发的发球战术

（1）在协调发力的基础上进行大力发球，尽可能地发出 ACE 球（直接得分）。

（2）将球发到对方相对薄弱的一侧，确保一发的成功率在 60% 以上。

（3）通过发球的落点、旋转、速度等变化进行间接进攻，如发球上网、发球后侧身正手进攻。

2）二发的发球战术

（1）二发的成功率尽可能做到100%，将球发至对方不擅长的一侧。

（2）试图发出具有进攻性的二发。二发落点、旋转、速度的变化和二发的成功率一样重要。

（3）谨防自己的薄弱环节，重视二发后的防守。

2．接发球战术的运用

当处于接发球状态时，一定要充分做好从被动状态开始这一局比赛的准备。重炮发球、诡异的旋转发球、大角度发球及其他战术发球都能起到压制和调动接发球方的作用，所以，从理论上说，接发球的一方是处于被动的。解决此问题的最佳办法，就是通过防守反击的技、战术来化解不利局面。

1）接一发战术

（1）集中注意力观察对方的技术动作，捕捉对方的发球意图，尽可能不让对方的一发直接得分。

（2）如果发球方上网，尽可能把球击打回对方脚下。发球方留在底线则尽可能把球回深（靠近底线位置）。

（3）根据发球方的站位或以往的球速、旋转等击球习惯调整接发球站位。

（4）变换接发球方式，改变击球的旋转和速度。面对快速的一发，应用推挡接发球，缩短引拍距离。

（5）利用弧度、角度和深度变化，将球击回至对方薄弱的一侧，伺机进攻。

2）接二发战术

（1）捕捉对方的发球意图，伺机抢攻对方的二发，主动迎击接发球。高点击球更有利于进攻。

（2）向反手方向移动，侧身正手进攻，注重接发球的成功率。

（3）通过用封堵来球路线的移动方式进行大角度的接发球。

（4）偶尔可采用接发球上网或接发球放小球的技战术。

3．底线对攻战术的运用

底线对攻是网球比赛中的重要组成部分之一，在比赛中最常见，大多是由势均力敌的相持球，逐渐转化成一方球员进攻，另一方球员防守（偶尔出现防守反击）的现象，直至一方得分为止。所以，利用技战术手段组织有效的进攻是底线相持的制胜关键。

1）相持阶段战术

（1）把球打深，让对方远离场地击球。

（2）多打斜线球，迫使对方打出浅球。改变击球节奏，扰乱对方的击球节奏。

（3）多使用优势技术回击对方，如正手抽球、正手侧身攻，尽可能减少非受迫性失误。

（4）每一次击球后应迅速回到防守位置。

（5）尽量利用整个场地全方位地调动对方，使对方脱离防守位置。

（6）给对方施加压力，连续把球击向对方薄弱的一侧。

2）进攻阶段战术

（1）根据对方的回位情况有选择地击打出回头球，但不可急于占据场上优势，盲目地发力进攻。

（2）抢点击球，加快击球节奏，加大对方的跑动范围，伺机绝杀对方。

（3）把球击向对方薄弱的一侧或声东击西。

（4）使用连续进攻方式，逐步扩大场上优势。

（5）伺机使用放小球技术，出其不意地前后调动对方。

（6）多采用优势技术进攻，捕捉变线时机，一击制胜。

4．随球上网与网前截击战术的运用

上网之前的最后一次击球或网前的第一次击球是赢得网前主动权的关键。因此，上网的趋势分为两种：其一，绝大多数是采取主动进攻的手段顺势来到网前；其二，少数情况下因对方的牵制或根据回球的落点迫不得已被动上网。无论是以哪种方式来到网前，都意味着要面临短兵相接的阵势。

1）中场球战术

（1）向对方薄弱的一侧击球并随球上网。

（2）利用半场截击或凌空击球加快进攻节奏。

（3）使用优势技术攻击对方后随球上网。

（4）选择直线随球上网，力求快速封堵网前位置。

（5）注重封堵网前位置，不可轻易选择斜线随球上网。

（6）利用高弧度深区球、强烈上旋球、急速下旋球的方式攻击对方薄弱的一侧（打对方的反手），伺机上网。

（7）通过抢点击球，随球上网。

（8）慎用放小球和拦网放小球，仅限在对方站位靠后或在出其不意的情况下使用。

（9）观察对方的回球意图，伺机上网。

（10）当对方在底线极其被动时，果断上网一击制胜。

2）网前球战术

（1）没有一击制胜的把握，不要轻易截击斜线球，应选择直线球。

（2）尽可能将球击向对方后场，力求上网回击出深而低、有角度、有速度的球。

（3）观察对方的拍面，捕捉对方的击球意图，防备对方打穿越球和挑高球。

（4）主动迎前截击，斜线移动封堵网前球，短时间内解决对方。

（5）对方救小球时，迎前封网，封死角度。

三、单打战术中的注意事项

（一）球员的气势和锐气

在每一场网球赛中都有一些转折点和关键时刻。锐气是指一名选手能够控制对方和比赛的气势，它是决定许多网球比赛结果的关键因素。好的选手能够压制对方的锐气，当比赛的形势对自己有利时，他能占据上风。研究表明，连续得分有助于形成锐气。多数情况下，连续得 3 分或 3 分以上的选手总是获胜。每一分都是重要的，有些得分更影响比赛的进展（获得锐气、自信）。理想的情形是选手用同样的努力和强度打每一分，而不是过分看重某一分的得失。

（二）不同场地所采用的战术对策

1. 慢速场地（沙地、土地）

（1）击球多用上旋，球越过球网时很高且深。
（2）要对长时间的对攻做好思想准备。
（3）有效地利用转体加大击球力量。
（4）在沙地实施"战略"时要有耐心。
（5）发球时发上旋球或有角度的高跳球，而不是仅仅追求大力发球。
（6）采用令对方疲劳的战术，因为慢速场地能让对方救起多数险球。
（7）练习侧滑步和前滑步。
（8）学习使用以放小球为得分手段的战术。

2．快速球场（室内场地、硬地，草地）

（1）使用各种类型的旋转，但应多用击上旋球和半高球。
（2）有效地利用移动步法。
（3）针对不同的对方需要采用不同的战术。
（4）发球时使用的旋转和力量要富有变化。
（5）综合采用不同旋转和不同角度的击球。
（6）攻击浅球时击向对方身后，并随球上网截击。
（7）使用攻击型的挑高球。

（三）不同气候条件所采用的战术对策

1．风向

（1）当风向为从选手身后往前吹时，击球过网要低，多打上旋球，力求多打截击球，发球时调整抛球。
（2）当风向为从选手身前往后吹时，击球过网稍高一些，击球时加力，提前准备，采用上旋高球，发球时调整抛球。
（3）当风向为横穿球场时，根据风向，朝边线或场内击球，采用下旋球和侧旋球。

2．太阳

（1）发球的影响：变化发球位置，在不同的位置抛球要保证第一次发球的成功率。
（2）接发球的影响：让对方在向阳的一端接球。
（3）比赛过程中的影响：背向阳光时可挑高球，比赛过程中如果阳光变化，则要改变战术。

第三节　双打的基本战术

一、双打的配对原则

对于一对优秀的双打组合来说，除了搭档间的技、战术应相互补充外，更重要的是两人在场上的个性补充。挑选一组双打运动员，应该对两人的个性有所了解。

（1）两名选手应当具有合作精神。

（2）两名选手之间的技术差距不能太大。

（3）两名优秀的双打选手在比赛中应该表现出互相尊重和理解，两名选手之间的默契非常重要。

二、双打的基本站位

双打中，发球队员和接球队员的站位和移动，与判断和击球有着密切联系，站位合理，移动迅速，配合默契，在比赛中就可以占据主动。常见的双打站位有以下三种。

（一）前后站位

发球方站位：同伴站在球网前，发球员站在底线稍靠近边线。发球员在一发成功后或者通过发球创造优势后可以立即上网，如图4-4所示。

图4-4　双打发球前后站位

接发方站位：接发球员根据发球的落点和速度站在底线后或底线内，同伴在发球线与球网之间，如图4-5所示。

图4-5　双打接发前后站位

（二）澳大利亚式站位

发球队员和搭档都站在中线的同一侧，发球队员的站位靠近"T"点，发球后迅速按照既定战术移动到自己的位置拦截对方来球。发球方采用澳式站位可以迫使对方打出直线球或者斜线球，创造己方优势。具体如图4-6所示。

图4-6　澳大利亚式站位

（三）双底线站位

双底线站位常用于初学者的比赛中，运动员的网前截击技术、高压技术以及抢网意识都不成熟，为了避免网前失误而选择双底线站位。在底线占据一定优势后，随球上网，抢占网前有利位置，如图4-7所示。

图4-7　双打底线站位

三、双打战术的种类

由于双打是由四人进行的比赛，一个人负责一块区域，因此发球方更有优势。好的发球能直接得分，或者使对方接发球失误，进而为网前同伴创造得分优势。双打取胜的关键不在于猛打狠击，而在于打得巧、控制好落点，不能用单打的战术来处理双打比赛。双打战术分为发球局战术和接发球局战术。

（一）发球局战术

1. 发球上网战术

发球上网时，应确保较高的命中率，用 80% 的力量发出平击、侧旋、上旋等不同旋转的球，注意不断变化发球落点，然后快速向网前移动；二发时，多利用旋转和落点的变化来为上网创造条件，上网后的中场截击球要平而深或角度大，否则高球会被对方网前同伴突击上网。

（1）双打一区发外角上旋后双上网。一区一发侧旋球，发至对方外角，然后上网，快速移动到发球中线偏左，主要封住对方正手的直线球，把球回击到对方反手区。

（2）双打一区发内角上旋然后双上网。一区一发平击球或上旋球，发至对方内角，然后上网，快速移动到发球线中线，判断来球，回击至对方底线正、反手深区。

2. 发球上网、抢网战术

运用发球上网抢网战术，可以干扰对方的接发球，为发球上网得分及抢网创造条件。发球上网战术强调发球方队员对发球质量、成功率和落点变化的良好控制。

（1）发球上网、抢网战术要求发球方队员既要有敏捷的思维和快速的步伐，又要有事先约定好的暗号，一旦作出决定，就应该执行，任何迟疑都会因延误时机而失误。

（2）准备抢网时，身体应侧倾，两脚做好蹬地准备，能随时启动快速移步向左或向右抢网截击。

（3）抢网时，启动既要早又要适时。一般在对方球员接球的一刹那启动，若晚了则来不及抢网，若在对方接球前移动，则过早暴露抢网意图，使对方打出直线球穿越。

（4）抢网的击球落点一般可以选在对方场区中间或者网前队员的脚下，使对方回击过来的球有利于自己再次截击。

（5）为了抢网成功，截击球时最好球要比网高，尽量向前移动并靠近球网，越接近球网，球越高，也就越容易网下击球。

（二）接发球局战术

1. 接发球双上网战术

为了抢占网前有利位置，当对方发球时，接发球员要判断准确，在底线向前垫步接球，然后随接发球上网。由于是上前迎击球，因此回接球的速度比较快，能给对方发球上网截击或者抢网造成很大威胁。

（1）采用双上网战术首先应选择好正确的基本位置，正确的位置一般距离网 2～3 米。其优点在于不仅能进而且能退，既能击高于球网的强有力的进攻性来球，也能迅速后撤对付挑高球。

（2）同伴应保持适当的位置，距离不宜过大，防止对方从两者的结合部位突破，造成网上的被动。

（3）同伴之间要形成默契。当对方回球在两者之间时，正手击球者击球更有利；

来球在两人之间反弹后呈斜线时，应由位于来球运行轨迹方向上的球员回击。

2. 接发双底线战术

底线战术是一种防守性的战术。利用底线战术伺机反攻，或诱使对方失误也会有一定效果。在双打比赛中，如对方发球很有威胁，网前又非常活跃，为了破坏对方快速进攻的节奏，可采用接发球双底线战术，即二人都退至底线，使对方对网前截击产生一定的心理压力，不容易马上得分。对接发球方队员来说，应注意接发球的成功率，然后再寻找机会进行反击，伺机上网。

3. 接发球挑高球战术

挑高球战术在双打比赛中具有一定的地位和作用。在双打比赛中，挑出带有进攻性的上旋球，能控制对方上网的速度，破坏节奏使被动变为主动。

（1）当双方底线队员斜线对拉，本方队员用速度和力量压住对方后，挑高球变直线。回球越过对方网前队员的头顶，同时本方队员迅速向网前移动，形成双上网。

（2）当对方同时来到网前时，挑高球逼对方一起后退，能有效地变被动为主动。

（3）当对方同时来到网前时，形成双上网阵型，挑高球越过对方的头顶，能破坏双上网阵型。

思考题

1. 网球单打的基本战术有哪些？
2. 网球单打比赛中针对不同的场地类型采取哪些不同的战术措施？
3. 简述网球双打比赛中常用的站位。

第五章
高校网球课程的常用训练内容

本章主要介绍高校网球课程中常用的练习方法，包括球感练习以及网球各项技术的基本练习方法和技巧。通过本章的学习，同学们可以对网球运动当中的各种常用练习方法进行初步的了解及掌握，能够结合所学的技术自己进行综合训练。同时通过网球运动让同学们体会到体育精神，并全面贯彻落实党的二十大精神，奋力开创体育强国建设新局面，加快建设体育强国。

第一节　球 感 练 习

一、球感练习概述

网球球感是指运动员在长期的网球训练过程中形成的对球的形状、质量、弹性、硬度、击球的力量、空间运动的速度和高度及方向变化等方面的专门化知觉。

良好的球感可帮助运动员在击球时正确判断击球状况、球飞行的方向和高度及球的落点。运动员球感越好，越具有良好的控球能力，越能保证及时、准确地回击球。若运动员长期不进行球类训练或比赛，则球感会相应减弱或消失。所以球感练习对于网球运动员来说是十分重要的。

二、网球球感的练习方法

（一）球性感

球性感是指运动员对于球的大小、质量、质感、弹跳路径、旋转方式等产生的感觉。

练习目的：培养运动员对球的大小、质量、与自己的距离以及对球的弹跳路径、落点等项目的初步感知能力。

【练习方法】

1. 抛接球

运动员练习抛接球时，将球向上抛起并尽量控制让球以垂直的方向运动，在球落地后用双手或单手接住，如图 5-1 所示。原地垂直抛接球熟练后，可以尝试在抛球时给球加上旋转和方向，进一步对球的落点与弹跳路径进行判断并且将球接住，如图 5-2 所示。

图 5-1　抛接球 1

图5-2　抛接球2

2. 原地拍球

运动员练习原地拍球时，用左手或右手向地面连续拍打网球，尽量让球垂直下落，待球落地后弹回手掌时继续将球拍下，如图 5-3 所示。基本动作熟练后，可以尝试换手连续拍球、双手轮流拍球，以及移动过程中拍球。

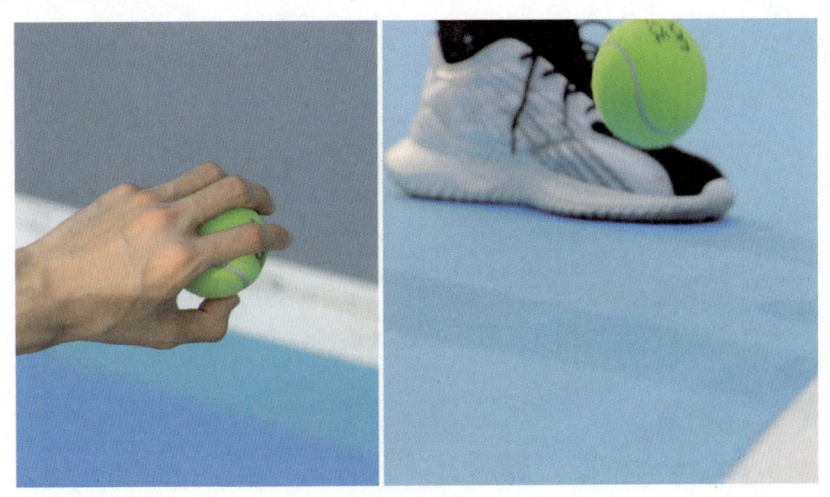

图5-3　原地拍球

3. 双人抛接球

两名练习者在面对面抛球时，应间隔一定的距离。一名练习者将抛球的起始位置控制在肩膀下方，以"托"的动作将球抛给对方，不要加力，尽量控制球的方向。另一名练习者待球落地后将球接住，以同样的方式抛给对方。熟练后可以增加距离，将抛球的起始位置控制在肩膀上方，以"扔"的动作将球抛给对方，另一名练习者待球落地后将球接住，以同样的方式抛给对方，反复进行练习，如图5-4所示。

图5-4 双人抛接球

（二）球拍感

球拍感是指运动员对球拍的重量、硬度、拍面的大小、"甜点"区域、拍线的张力、球拍运动特性的感觉。

练习目的：通过基础击球练习，提升球拍感，并在逐渐熟练后能够灵活地运用球拍。

【练习方法】

1. 颠球练习

颠球练习的步骤是采用大陆式握拍持拍，原地向上颠球，让球垂直落地，待球落地一次后，再次用拍面向上颠球，如图5-5所示。熟练后可以尝试不落地颠球、移动颠球、转圈颠球、对墙颠球。

2. 拍球练习

拍球练习的步骤是采用大陆式握拍持拍，连续向下拍球，待球落地弹起至最高点之后再次用球拍将球拍下，如图5-6所示。熟练后可以尝试移动拍球、转圈拍球、蹲下拍球、用拍框拍球。

3. 双人颠球接球练习

两名练习者相互配合进行颠球及接球练习时，两人距离30～50厘米，可以通过放置标志物来确定距离。双人颠球接球练习的步骤是其中一名练习者使用大陆式握拍持拍，将球连续拍起或颠起，然后将球颠给另一名练习者，另一名练习者将球接住，并将球连续拍起或颠起，之后将球颠回对方，如此循环练习，如图5-7所示。熟练之后可以互换位置进行颠球接球练习。

图5-5　颠球练习

图5-6　拍球练习

图5-7　双人颠球接球练习

第二节　对墙基本技术练习

要想学好网球，就要学习如何对墙练习，对墙练习是学好网球的基础，也是一种很好的练习方法。网球所有的技术，几乎都可以对墙练习。它不是单纯的被动练习法，而是能培养初学者的球感和网球基本技术的全方位高效练习法。练习者可以自己控制力量、速度、旋转，对练习发球、发球上网、网前截击、放小球、切削球等技术都很有效，还可以把这些技术组合起来练习战术。

一、对墙球感练习

进行对墙接球练习时在距离靠墙一米处，用球拍接住各种落地与不落地的球，尽量做到连续多次不失误，以培养眼睛、手、脚、球拍等对球的感觉。开始可以用手把球扔在墙上，等球反弹落地两次后移动用拍子接住，熟悉之后落地一次接住，慢慢可以不等球落地直接用拍接住，练习移动及拍子触球感，如图5-8所示。

图5-8　对墙接球练习

二、对墙正反手抽击球的练习

对墙正反手抽击球的练习。可以作为上场比赛之前的一种热身活动，由近到远、从轻到重地对墙击球，让自己逐步适应，逐步进入状态。击球时，要保持动作的稳定性、连续性，尽量一次多打几个回合。步法的移动要及时、迅速，动作要完成得舒展、到位。对于初学者，因为球撞墙后反弹的速度很快，常常来不及击球，故自己向后引拍准备慢的毛病便暴露无遗了。为了能有效地回击球，就只能尽早引拍，从而被动地、却又自然地解决了这个问题。

练习时距墙近一些，前移身体与重心，多体会击球的感觉，一定要保证击球点在身体前面，在球反弹落地之前连续击打，保证击打次数。还可以在连续撞击球的过程中，随球的高度不同不断变化拍面，击球点越高拍面越接近垂直，击球点越低拍面越接近水平，具体如图5-9、图5-10所示。

图5-9 对墙正手练习

图5-10 对墙反手练习

三、对墙截击球的练习

在击墙练习时，身体离墙适当位置，以墙壁为靶向其用截击技术击球。挥拍时要确保在球弹回但未触底前进行连续击打，以提高连贯性。击墙练习时需要注意身体躯干要微微前倾，在固定手腕的同时，用球拍的"甜点"区域感受击球的触感，并确保击球点始终保持在身体前方。此外，在练习过程中仔细观察拍面角度随着球的不同高度的变化。球在较高位置时，拍面应更趋于垂直；而球在较低位置时，拍面应更趋于水平。通过不断的练习，可以掌握这一随球高度变化的拍面调整技巧，具体如图5-11所示。

图5-11 对墙截击球练习

四、对墙发球的练习

在练习时在墙上画出标志线与网齐高，练习者站在离墙约12米的位置对墙做发球练习，观察每次发球撞墙的位置，边体会边调整，找出最舒服、最准确、最有力的发球动作，多加练习定型，如图5-12所示。

图5-12 对墙发球练习

五、对墙高压球的练习

练习者站在离墙12米的位置对距离地面2米的高度线做高压球单次练习，球落地后经地面和墙体会弹回练习者击球点附近，此时用手接住并进行下一次练习，如图5-13所示。因为这种练习可以自己控制球的力度、方向和位置，所以在基本掌握了高压球技术后，就可以进行这种对墙的连续高压球练习。观察每次高压球反弹回的位置，经脚步调整后进行连续的高压球技术动作，在不断地移动中寻找发力模式和击球点规律。这对于熟练、巩固和提高技术会有很大的帮助，这也是练习高压球的最行之有效的方法。

图5-13 对墙高压球练习

六、壁球式练习

壁球式练习是两人对着网球墙轮流击球的练习方法,也是一种和实战差不多的练习方法。这种方法可以提高步伐,还能增强处理不同来球的综合能力,练习姿势如图5-14所示。

图5-14 双人壁球式练习

七、反弹球练习

练习者站位于离墙6米,向墙上距地面1.8米的高度线击球,球反弹落地后刚跳起时,就将球击回。动作要领:盯紧球,把握好击球时机,在膝前处击球,并加长与球接触的时间。引拍动作小,重心下降,如图5-15所示。

图5-15　反弹球练习

八、放小球练习

练习放小球时练习者站位在离墙 6 米处，采用削球技术，轻轻将球击向距地面 1.2 米高的墙面，可给球加些旋转。待球反弹落地一次后击球，持续进行练习，如图 5-16 所示。

图5-16　对墙放小球练习

以上的练习方法无一不说明网球墙对网球练习的重要性，希望大家能由此重视网球墙的练习。

第三节　多球训练

网球的多球训练指通过隔网或者以原地连续不断给球，利用不同的速度、力量、旋转以及落点变化等熟悉网球技战术的训练方法。在网球训练中，无论初级水平、中级水平还是高级水平的运动员，多球训练都是一种非常好的训练办法。实践证明多球训练有利于球员掌握网球的基本技术动作，有利于动作的定型，也能够及时纠正错误动作，有利于提高球员的训练强度和难度，培养球员意志品质从而提高其网球水平。

一、原地多球手抛练习

抛球人站在练习者的正手同侧或反手同侧，把球通过下坠的方式抛向练习者，让练习者熟悉弹跳节奏和击球感觉，待练习者熟悉之后再通过向上抛球和抛落地球的方式让其练习，感受球的弹跳及落点，之后还可以通过抛球加移动的方式让练习者练习正反手多球，如图5-17所示。

图5-17　原地多球练习

（一）原地坠球多球练习

送球者站在练习者的正手侧或反手侧，将球高举，使球自然下落。练习者待球触地反弹后，进行击打，如图5-18所示。

图5-18　原地坠球多球练习

（二）原地抛球多球练习

练习者熟悉坠球节奏和弹跳后，可以通过改变球的抛出轨迹让练习者移动找球，并且寻找合适落点站位进行击打，如图5-19所示。

图5-19 原地抛球多球练习

（三）正反手抛球结合练习

练习者熟悉正手和反手抛球移动练习后，可以让送球者站在中间，向左右抛球。练习者正手移动击球后回到中间，进行反手击球练习，练习过程中需要变换握拍方式和注重脚步的运用，如图5-20所示。

图5-20 正反手多球练习

二、隔网多球练习

这一练习方法推荐在学生基本动作技术比较稳定，并且基本能够判断来球落点、路线和方向时展开，隔网送球的形式很多，可针对不同级别的运动员选择使用。在由击打底线抛球练习向本练习方法过渡时，送球人可以平稳送球，不加旋转力量，待练习者水平提高后再加大练习难度。

（一）隔网手抛球练习

送球者站在球网后面，通过手抛球给击球者送球，让击球者感受隔网来球的落点和弹跳节奏，并移动找球正手反手结合击球，如图 5-21 所示。

图5-21　隔网手抛球练习

（二）隔网送球练习

在练习者熟悉手抛球的节奏后，送球者改用球拍送球。在隔网送球练习的前期送球者应不加力量旋转，结合正反手的方式给练习者送球，如图 5-22 所示。等练习者熟悉球拍送球节奏后再考虑是否要加上力量和角度。练习者可在隔网送球练习的过程中锻炼移动能力和判断能力。

图5-22　隔网送球练习

三、对打练习

对打练习是网球运动中经常用到的训练方式，可以让练习者感受网球的魅力，同时可以让练习者增强技战术、移动能力及体能。

（一）小场地对打

对打练习要从小场地对打开始，以熟悉对打的节奏落点等。小场对打可以练得技术非常全面，普通的正反手击球、切削、网前、脚步等都可以得到充分训练。小场对打能够锻炼控制能力,帮助练习者找到各项技术的击球感觉,为接下来的高强度比赛打好基础,还能够在合理可控的运动范围内,让练习者身体的各个关节、肌肉都得到活动,减少在比赛中受伤情况的发生。

小场地对打练习时一定要身体放松,身体越紧张,越控制不住球。练习者的手臂要放松,不要因为怕出界而让自己的挥拍不完整,这是得不偿失的。打小场的人出界下网都是难免的事,一定要强迫自己在练习的过程中保持挥拍动作的完整度。练习二人站在发球线附近,通过下手发球将球发给对方,要控制落点和角度,尽量送到对方附近。接球者准备移动并将球有控制地击回,让球落于对方附近,正手和反手循环练习,如图5-23所示。

图5-23　小场地对打

(二) 全场对打

练习双方站底线附近,通过下手发球将球发给对方,要注意控制击球的高度,以让球能够落在发球线和底线之间的区域。在这个阶段不要发力,挥拍动作做完整即可。新手在这个阶段追求发力反而会将动作破坏。要用上身体的力量,注意力集中,不要把注意力放在怎么发力上,要将注意力集中在如何将动作做完整和善用脚步移动上。注意在准备时脚后跟要略微离地,如图5-24所示。

图5-24　全场对打

第四节 步法训练

网球步法是运动员控制身体,以及改变位置、方向、速度时所采用的各种动作方法的总称,为了适应高强度的比赛需要,步法训练越来越受到网球爱好者的重视。

一、网球步法移动技术的相关分析

基本步法:交叉步、并步、垫步、分腿垫步。

步法移动的要素:主要由跑、跨步、交叉步、变向、跳停、侧踏步等各种动作,以及判断力、反应能力、速度、力量、协调性等重要因素组成。

二、网球各种击球步法的特点分析

(一)正手击球的步法特点

关闭式正手击球要充分利用身体重心的前后移动来打球,因此一定要保持向前迈步击球的步法,侧身迎接来球。击球前重心在后脚,击球时重心移至前脚,如图5-25所示。

图5-25 关闭式正手击球

开放式正手击球(见图 5-26),因为主要用转肩的力量来提拉上旋球,所以击球时重心落在后脚上,网球比赛中运动员常采用开放式步法击球。

图5-26　开放式正手击球

(二) 反拍击球的步法特点

单手反拍击球时，右脚要跨过左脚，基本保持背对来球姿势，击球时重心在前脚，如图 5-27 所示。

图5-27　单手反拍击球步法特点

双手反拍击球，基本有两种站姿。一种是侧对来球站立，一种是双脚对球网开放式站立，如图 5-28 所示。

图5-28　双手反拍击球步法特点

（三）发球的步法特点

发球的步法分为平台式和上步式两种。这两种步法在发球的准备动作期间，皆需让左脚前脚掌的外沿靠近场地底线（不能踩到或踩过），并与底线成45°夹角。还需左、右脚距离与肩同宽，且两脚尖连线应指向发球目标区域的方向。平台式步法在发球过程中需保持双脚位置固定，这种步法的好处是能够使身体在整个发球过程中保持稳定；上步式步法是在抛球后屈膝蓄力的过程中，后脚跟进并紧贴于前脚，如图5-29所示，优势是能够更好地转移身体重心，使发球更具威胁。

图5-29　发球步法特点

（四）截击球的步法特点

正手截击球，针对不同的来球情况有三种步法。第一种是恰好在正手位置的来球，此时同正手击球步法一样，要向前跨出左脚，身体侧对来球迎击，如图5-30所示；第二种是稍远离身体的来球，此时要采用左脚跨过右脚的步法迎击球；第三种是正对身体的来球，此时要迅速后撤右脚，接着制动住右脚，重心前移来迎击球。反手截击球步法与正手截击球步法相同，只是左右脚相反运动即可，如图5-31所示。

图5-30　正手截击球步法特点

图5-31　反手截击球步法特点

（五）高压球的步法特点

打高压球时一定要保持身体侧对来球，左脚尖指向右网柱，右脚尖所指的方向与底线平行。常用的高压球步法有两种，一种是向后侧滑步，一种是侧后交叉移动步法（见图5-32）。

三、步法移动的相关因素

（1）判断和反应能力：判断对方击出的球的方向、速度、旋转和落点的把握能力。

（2）灵敏素质：能够迅速、准确、协调地完成动作。

（3）反应速度：做出第一个动作的时间。

（4）调节能力：为在最佳击球位置击球而对身体做出的平衡调节。

图5-32　高压球步法特点

四、步法移动的两个要点

（一）在你的对方触球前做一个"小垫步"

"小垫步"就是由准备姿势开始的，在原地双脚离地的一个"小跳"。双脚离地时，其间距与肩同宽。"小垫步"是形成快速启动和保持身体平衡的关键。做"小垫步"的时机是对方挥拍向前的时候。做"小垫步"的另外一个好处是，当对方将球击出时，"小垫步"能够让你更加注意对方的击球，使你能够最大限度地对来球作出预测和判断。

（二）完成"小垫步"后的一组移动

当你完成"小垫步"着地后，向你准备移动的方向跨出同侧的脚。并在你跨出脚的时候，你的后腿和臀部也应同时转向同一方向。这时就能保持平衡，并且能够向来球的方向启动。

当你的位置已远离下一个来球，你必须快速掉转方向，向下一个来球方向快速奔跑，这时你的身体也必须转向同一个方向。所以当来球打到你的身后，你就几乎没有机会掉转方向去回球。因此，除非你处于非常困难的境地，否则，不要采用急速跑。具体动作如图5-33所示。

图5-33　小垫步及移动特点

第五节　网球步法的练习方法

教学与训练要点

一般在开始阶段进行集中的教学，结合准备活动进行，之后逐渐发展到与专项身体训练和技术训练结合进行。这样既有助于掌握和提高移动技术能力，并且有利于提高运动员运用各种移动技术的意识，为学习其他技术打下良好的基础。

（一）基础身体训练

网球运动要求球员必须具有良好身体素质，速度、力量、耐力、灵活性和快速反应及移动能力等要全面发展。

1. 速度训练

尽全力短距离跑，采用30米、50米反复跑，100米变速跑。

2. 力量训练

（1）上肢力量练习采用引体向上、俯卧撑起击掌、双杠上做双臂支撑屈伸等方法。

（2）下肢力量练习采用单足跳、双足跳、蹲跳、负重蹲起、跑台阶等方法。

（3）腰腹力量练习采用仰卧起坐、仰卧举腿、仰卧两头起、悬垂举腿等方法。

3. 耐力训练

（1）短距离跑4～6秒，共练习10～15次。休息3分钟，继续上述训练。共5组。

（2）400米反复跑，重复3～4次，重复组数2～3组，次与次之间间隔5～6分钟，组与组之间间隔15～20分钟。

4. 灵活性训练

跳绳练习，采用单脚跳、双脚跳、移动的单脚交替跳等方式，训练脚步的频率和灵活性。

5. 快速反应、移动能力的步法训练

快速反应和移动能力包括纵向移动和横向移动能力、急停急起能力、变向能力等，发展这些能力的步法训练要结合学生的特点，由易到难，循序渐进地进行。主要是一些基本步法以及基本步法的组合练习，如滑步、并步、跨步（见图5-34）、小碎步及其组合练习等，在进行这些练习的时候，要注意结合学生的身体素质进行训练，在练习的时候施加一定的量和强度。主要练习方法有：Z字侧滑步练习、交叉步移动挥拍练习（见图5-35、图5-36）、底线跳跃向前冲刺练习。在练习底线跳跃向前冲刺时，运动员于底线处双脚、左脚、右脚前后或左右跳跃，待听到教练发出的信号时向前冲刺至发球线，如图5-37所示。

（二）教学与训练的建议

在网球教学训练中，最好先徒手练习，后持拍练习，最后与其他技术结合练习，并保证有足够的时间。加强正确的步法训练的目的，并不在于用固定的模式和动作在比赛中直接发挥作用，而是在于牢固建立起正确的、合理的脚步移动技术，从而提高整体的网球技术。

图5-34　跨步挥拍动作练习

图5-35　交叉步挥拍动作练习1

图5-36　交叉步挥拍动作练习2

图5-37 底线前冲练习

第六节 体能训练

网球运动员一旦有了一定的球龄，对自我的了解无论是从心理层面还是技战术水平基本都能达到了如指掌的境界。但是唯一很难攻破的就是体能的极限，这限制了技术水平的发挥。其实导致此种情况的一个主要原因就是忽视了体能训练。

体能是竞技能力中的重要组成部分，由速度、耐力、柔韧、灵敏、力量、协调等能力组成。

对于网球这项运动来说，耐力、力量和速度尤为重要。所以应把体能训练的重点放在这三种能力上。

一、耐力训练

耐力训练为体能的基础训练。一名运动员在业余比赛中从小组赛打到淘汰赛，再到最终夺冠，至少也要打十场比赛，而且很可能一天要连续打五六场，此时体能的优劣直接决定了能否进入决赛，或者在决赛中能否有正常的表现。

耐力训练主要目的是提高心肺能力与肌肉耐力。长跑或者游泳都会对耐力和心肺能力的提高有较大的帮助。有条件的还可以去高海拔的地方跑一跑。

二、力量训练

首先要明白，进行力量训练非常重要，但训练得太壮并不适合打网球。如果看过网球职业比赛中男球员换衣服的场景，就会发现他们并没有健美运动员大块健硕的肌肉，身材保持不错的球员才会有明显的腹肌。

大块的肌肉只会限制关节的活动角度，降低灵敏与协调能力。所以进行力量训练时应酌量进行，多结合速度进行力量的训练和爆发力训练，不要刻意追求大块胸肌，并需着重注意训练之后的放松环节。强壮的肩在主动发力的同时还可以降低损伤，更好地传导身体的力量。除了肩部以外，核心区域也非常重要，起到了发力减力、控制身体平衡、维持身体姿态等作用。网球运动中的核心区域基本包括臀大肌、腹肌群、躯干伸肌群、背伸肌群。

练习方法：深蹲或卧推等，结合药球、瑞士球等进行专业动作的训练，进阶训练可以在非平衡的状态下进行小负荷的力量训练。

（一）专项力量练习

专项力量训练对于网球运动员来说具有重要的意义，它可以提高运动员的整体竞技水平，增强比赛时的表现。网球项目的专项力量训练主要包括以下内容。

① 提高爆发力和加速能力：网球比赛中，运动员需要迅速改变方向、加速奔跑，专项力量训练可以提高肌肉的爆发力，使运动员更敏捷。

② 增强核心稳定性：网球动作涉及全身各部分的协调运动，而一个强健的核心对于稳定动作、平衡和减轻伤害有着重要作用。

③ 改善耐力和减轻疲劳：网球比赛可能会持续数小时，专项力量训练有助于提高肌肉耐力，减缓疲劳程度，使运动员能够在比赛中保持高水平的表现。

④ 防止运动损伤：专项力量训练有助于预防网球运动员在比赛中容易发生的一些损伤，如肌肉拉伤和关节扭伤等。

⑤ 提高击球力量：网球的击球需要一定的力量支撑，进行专项力量训练可以增加肌肉力量，提高击球的威力。

（二）上肢专项力量的练习

网球运动员的上肢力量对于发力、控制球速、提高击球准确性以及预防伤害都至关重要。以下是一些针对网球运动员上肢专项力量的练习。

1）杠铃卧推

目的：增强胸大肌、三角肌和三头肌的力量，提高发球和击球的威力。

方法：使用标准的杠铃卧推姿势，选用重量适中的杠铃，进行 3～4 组，每组 8～12 次。

2）哑铃飞鸟

目的：加强胸大肌，增加胸部稳定性。

方法：使用哑铃，躺在平板或倾斜凳上，打开双臂，再将哑铃缓慢合拢，进行 3～4 组，每组 10～15 次。

3）引体向上

目的：强化背阔肌和二头肌，提高上肢的整体力量。

方法：进行多次引体向上，以体重或添加外挂重物的方式，进行 3～4 组，每组 8～12 次。

4）单臂哑铃划船

目的：加强背部和肱二头肌，提高控制力和稳定性。

方法：使用单只哑铃，另一只手支撑在椅子或架子上，进行 3～4 组，每组 8～12 次。

5）杠铃肱二头肌弯举

目的：增强肱二头肌的力量，提高拍球时的稳定性和控制力。

方法：使用适中的杠铃进行弯举，进行3～4组，每组8～12次。

6）杠铃肱三头肌颈后屈臂

目的：加强肱三头肌，提高挥拍时的爆发力。

方法：使用适中的杠铃，进行颈后屈臂动作，进行3～4组，每组8～12次。

7）重量球平板推动

目的：提高爆发力和发球速度。

方法：使用重量适中的医学球，坐在地上或平板上，将球推出去，然后快速接住，进行3～4组，每组8～12次。

在进行上肢专项力量练习时，要注意选择适当的重量和重复次数，以及保持正确的动作技巧。在训练初期，可借助弹力带做基础练习，如图5-38所示，待肌肉力量得到一定增强后再进行上述专项提升训练。此外，定期进行伸展和柔韧性训练，维持肌肉的灵活性和关节的稳定性，有助于降低运动损伤的风险。最好在专业教练的指导下进行这些练习，确保训练方案的安全性和有效性。

图5-38　弹力带练习

（三）下肢专项力量的练习

下肢力量是快速移动的基础，因为网球比赛中需要频繁进行冲刺、侧移、跳跃等动作。强健的下肢肌肉可以提高运动员的爆发力、速度和灵活性。练习的方法有以下几种。

1）深蹲

目的：增强大腿前后肌群、臀部和核心的力量，提高冲刺和蹲下迎球时的稳定性。

方法：使用杠铃或自身体重，进行深蹲动作，进行3～4组，每组8～12次。

2）硬拉

目的：强化腿部后侧、腰背部和核心的力量，提高弯腰动作时的稳定性。

方法：使用杠铃进行硬拉，注意保持背部直立，进行3～4组，每组8～12次。

3）单腿深蹲

目的：集中锻炼每条腿的大腿前肌，提高单腿稳定性。

方法：将一只脚放在高处，另一只脚进行深蹲动作，进行 3～4 组，每组 8～12 次。

4）腿弯举

目的：加强大腿后肌群，提高蹲下和爆发时的力量。

方法：使用腿弯举机器或悬吊带，进行 3～4 组，每组 10～15 次。

5）腿外展

目的：强化髋外侧肌肉，提高侧移时的稳定性。

方法：侧卧或站立，进行腿的侧外展动作，进行 3～4 组，每组 12～15 次。

6）腿内收

目的：锻炼大腿内侧肌肉，提高腿部的内收力量。

方法：使用内收机器或悬吊带，进行 3～4 组，每组 12～15 次。

7）蹲跳

目的：提高爆发力和垂直跳跃能力。

方法：从深蹲的姿势迅速跳起，进行 3～4 组，每组 8～12 次。

8）蹬地跳

目的：增加下肢爆发力和快速反应能力。

方法：站在箱子前，迅速蹬地跳上箱子，进行 3～4 组，每组 8～12 次。

在进行这些下肢专项力量练习时，要确保使用正确的姿势和技巧，选择适当的重量和重复次数。初学者可先尝试如单腿弓步深蹲、身体自重深蹲等基础练习，如图5-39所示，再逐渐增加训练的强度和难度，但同时要注意避免过度训练，以减少受伤的风险。最好在专业教练的指导下进行这些练习，以确保训练方案的安全性和有效性。

图5-39　单腿弓步深蹲练习

三、速度训练

（一）提高反应速度的训练

在网球运动中，敏捷的反应速度对于运动员争取击球时间、提高预判准确性至关重要。运动员最关键的是视觉反应能力，这涉及眼睛将观察到的信号快速传递到大脑、大脑快速反应并向肢体传递信息的能力。在激烈的比赛中，有时运动员没有时间仔细考虑，而是依赖下意识的反应。这种下意识的反应是在长期有意识进行反应速度训练的基础上形成的本能动作。

提高反应速度的训练应主要集中在提高眼、手、脚的最快速配合能力上。为了达到这个目标，可以采用前站位接发球、网球截击等小游戏，这些训练方法有助于培养出迅速而准确的反应动作。通过有目的的训练，运动员可以在紧张的比赛中更好地应对对方的变化，获得更多的主动权。综合而言，提高反应速度的训练是网球运动员全面素质的重要组成部分，对于在赛场上取得成功至关重要。

（二）提高击球速度和发球速度的训练

在网球比赛中，击球速度的大小直接取决于球拍挥动的速度和球拍的质量。然而，单纯依靠击球和发球技术的练习往往难以有效提高速度，因此必须从提高身体爆发力入手。

为了不影响已定型的动作模式，以及能有效地提高击球和发球速度，需要注重发展与这些技术相关的肌肉力量。力量训练的动作结构应与网球技术动作相一致，以确保训练的效果最大化。可以采用投掷药球（见图5-40）、橄榄球等练习，模拟击球和发球的动作。通过这样的综合训练，运动员不仅能够提高身体的爆发力，而且能够在击球和发球时更有效地利用身体的力量。这不仅有助于提高球速，还有助于在比赛中更好地掌握主动权，增加技术的威力。

图5-40　药球练习

（三）运动速度的训练

运动速度的练习方法如下。

（1）使用弹力带进行快速反复抻拉练习。

（2）手持轻杠铃片连续快速地做正反手击球的挥臂动作。

（3）原地对墙以高压球挥臂动作扔垒球、网球等。

（4）30米、50米反复跑，100米变速跑。
（5）原地快速高抬腿跑。
（6）各种移动步伐练习和快速练习。
（7）场内往返运动。

四、网球体能训练与技术训练的关系

网球运动中，体能训练和技术训练紧密相连，相互促进，共同构建出一名优秀运动员的全面素质。基本技术动作的发力方式与力量训练相一致，这种关联性不仅巩固了科学合理的技术动作，同时也有助于发展体能和技术水平的协调性。在整个机体的协同下，技术存在于大脑的信息结构中，指挥运动单位的肢体，而体能的表现也随之展现出来。

体能和技术在效果上是统一的，优秀的体能可以提供充足的支持，使技术得以更好地发挥。反之，高水平的技术不仅可以提高比赛表现，还能有效地节省体能。因此，在训练思想上，采用整体论的方式，选择技术体能一体化的训练方式，既能迅速提高运动员专项体能，又对技术特征的发展起到促进作用。

通过有针对性的训练，体能和技术得以相辅相成，使得运动员更好地适应项目的运动特点。这种综合训练不仅有助于提高运动员的整体素质，还能形成不同技术风格的优秀运动员，使其在比赛中更具竞争力。因此，综合而均衡的训练计划是培养出卓越网球运动员的不二选择。

思考题

1. 多球训练为什么能快速提升网球技术？
2. 对墙练习的方式有哪些？
3. 网球有哪些步法练习？
4. 提升身体素质的方式有哪些？

第六章
网球常见的运动损伤

网球运动是一项持拍的隔网球类运动，极具爆发力的发球和复杂多样的击球，无时无刻不在球场中上演着。而进行网球运动时，运动员频繁进行上肢动态转换，却可能是诱发运动损伤的原因之一。除了不可预测的意外性损伤之外，人体各部位的运动性劳损是在网球运动中最为常见运动损伤类型，其中，肩、肘、腕关节的运动损伤在网球运动中最为多见。

第一节　肩部的常见运动损伤

　　肩关节（见图 6-1）是人体大关节中活动幅度最大的复杂关节，由 3 块骨（锁骨、肩胛骨和肱骨）、4 个关节（肩锁关节、胸锁关节、肩胛胸壁间关节和盂肱关节）及连接它们的肌肉、肌腱和韧带组成。正常情况下肩部的 4 个关节同步运动，保证上肢运动的顺畅、协调。若想在网球运动中完成高质量的发球，常常需调动肩关节外旋和外展来完成。肩关节的构造和使用频率决定了这里较易发生运动劳损。

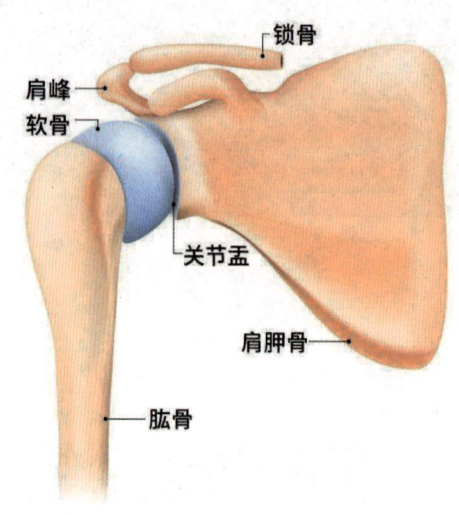

图6-1　肩关节结构图

　　例如，在进行发球动作时，肩胛骨在整个技术动作的肩部运动中起着十分重要的稳定作用，这种稳定性决定着发球质量的高低和发球点位的准确性。在做这种较为精细的活动时，附着在肩胛骨的肌肉和关节囊结构上的肩袖肌肉组织是执行发球动作时主要调动的人体部位。肩胛骨结构如图 6-2 所示。

　　进行网球运动时，长期负荷过重将使肩部结构变得脆弱，从而诱发肩胛骨动力障碍。很多运动员都曾有过肩胛骨运动障碍或肩关节的运动疲劳性损伤的经历。为有效预防肩关节损伤，推荐选择舒适性强、牢固性好的护肩，为冈上肌肉提供弹性加压功能。相比肌贴协助手臂在上抬时伴随肩部外转的功能，护肩能够有效避免肩部在进行发球、高压等技术动作时可能造成的夹击损伤。护肩运动用品如图 6-3 所示。

　　同时，选择透气性较好的布料，还能提高护肩与皮肤的贴合性与保护性，减少护具在运动胸部呼吸起伏时或出汗时的滑动程度，提高稳固肩部的效果。护肩胸前的绑带可以提供更好的舒适性和牢固性，而且不易造成对侧腋下的过度压迫，能在进行网球运动时，既不影响运动员的技术动作，又能安全保护运动员肩部位的肌肉与关节。

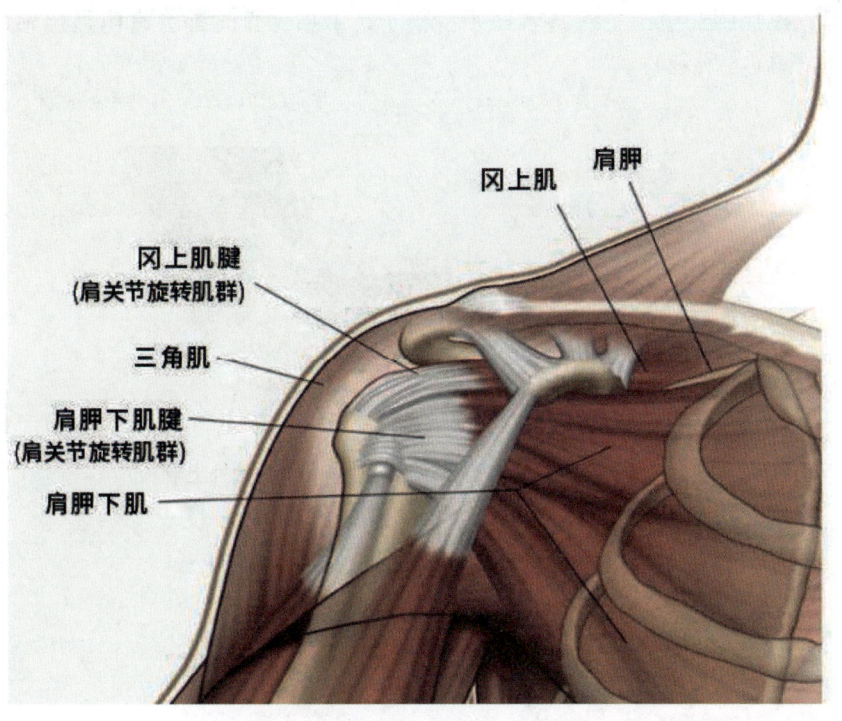

图6-2 肩胛部位结构图

图6-3 护肩运动用品

第二节 肘关节的常见运动损伤

"网球肘"作为最为人所熟知的网球运动损伤,学名肱骨外上髁炎,是一种人体肘关节的运动损伤。因其多发于网球运动,所以被人称为"网球肘"。肘关节结构图如图6-4所示。

"网球肘"大多是由于技术动作不规范、击球力度控制不稳定、球拍击球点位置不正确导致的。损伤时,其主要表现为肘关节上方的自主活动疼痛,肱骨外上髁外有局部压痛点,握力下降、关节部分功能受阻,甚至手持重物或用力握持物体时(如提水壶、拧毛巾等）疼痛感加重；更有甚者在手持筷子、手指伸直时都会有明显痛感，网球肘常见患处如图6-5所示。

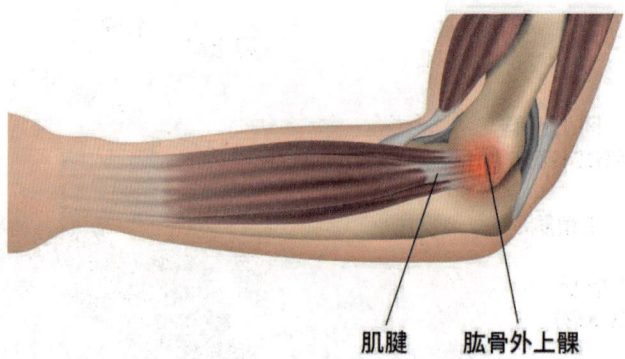

图6-4　肘关节结构图

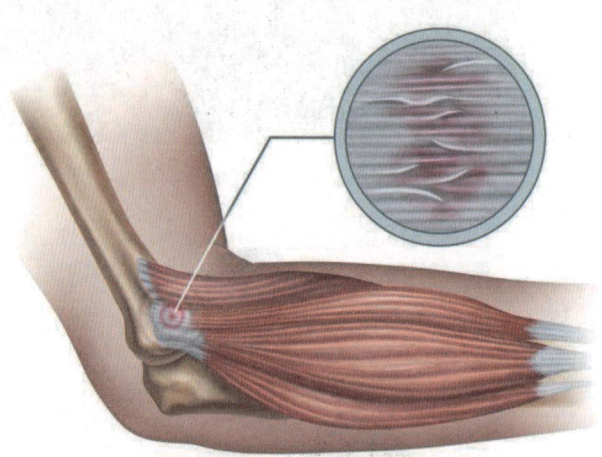

图6-5　"网球肘"常见患处

防治肘关节损伤，推荐使用针对"网球肘"的强化加压带，选择具有扣环设计和配合厚实软垫加压的加压带加压效果更好，可以有效舒缓肌肉在剧烈运动时承受的拉扯负担，肘关节加压带如图6-6所示。同时，运动员也应对各项技术动作做出及时的修改，正确的技术动作和合适的负荷量是预防"网球肘"的关键，如果损伤严重，则需要及时前往医院进行治疗。

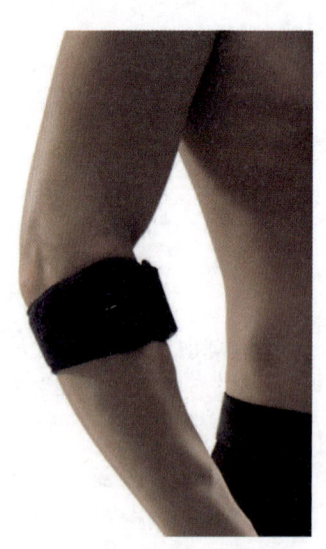

图6-6　肘关节加压带

第三节　腕部的常见运动损伤

手腕是在接球时承受力量的第一个部位，也是众多网球运动技术动作中运用较多的部位之一，手腕动作如图 6-7 所示。运动员在进行正手或反手上旋击球时，为了追求高转速，会频繁运用手腕和小臂做快速内旋动。在反复接收力量与传送出力量期间，手腕承受了双向的作用力，也正是由于这种运动特性，导致众多网球运动爱好者容易发生手腕肌腱、韧带的伤病问题。一旦手腕受伤，运动员就要被迫放下心爱的球拍休息数周甚至进行物理治疗等。

图6-7　手腕动作示意图

腕关节由 8 块形状各异且不规则的腕骨组成，腕骨间彼此交错接触，由韧带相互连接，每块腕骨的活动幅度不一。局部负荷过大、技术动作错误、缺乏保护装置、手腕力量不足等都会导致腕关节的损伤，而手腕疼痛就是腕关节损伤的最直观表现。腕部损伤的类型以三角纤维软骨盘损伤、腕部骨软骨炎、腕部创伤性骨膜炎和腕部腱鞘囊肿为主，手腕结构图如图 6-8 所示。

预防腕关节损伤，推荐使用手腕部位的防护强化带，在挑选时可以选择高弹性的透气材质搭配拇指环扣的设计，这种类型的防护强化带能有效地包覆支撑腕关节，降低过度或不适当的负荷对腕部的影响。此外，严重的腕关节损伤很难痊愈，受伤后除了修改技术动作以外，还需要积极进行相关康复治疗、物理治疗等。

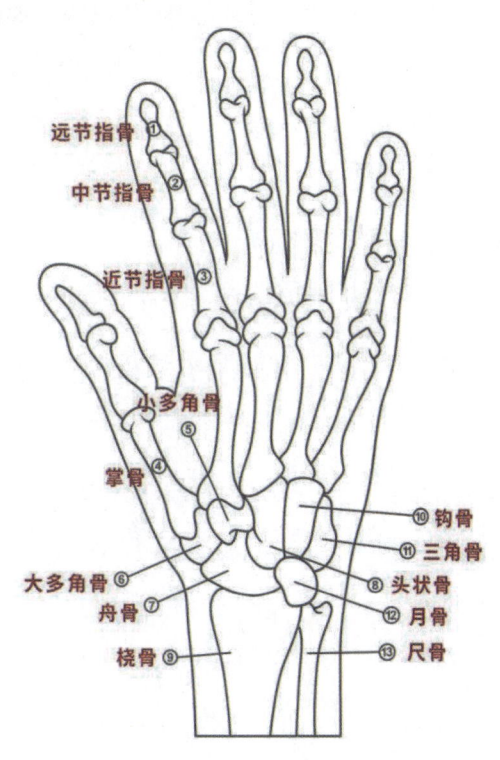

图6-8　手腕结构图

思考题

1. 对于预防与治疗网球肘有哪些有效措施?
2. 常见的网球运动损伤都有哪些?
3. 如何选择适合自己的保护用具?

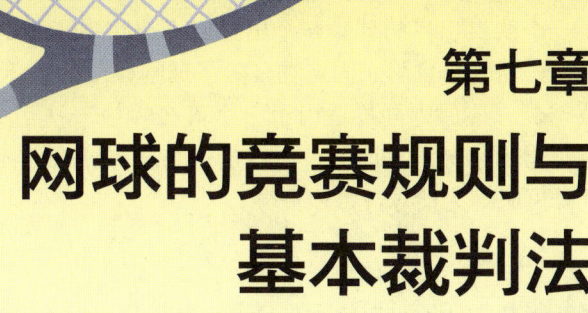

第七章
网球的竞赛规则与基本裁判法

本章介绍了网球的竞赛规则与基本裁判法。网球比赛是如何进行的？比分应该怎么计算？什么情况下被视为失分？对于初学者，本章用较为简洁易懂的语言告诉读者网球竞赛规则的基本知识；对于具备一定基础的球员，本章融合了最新的裁判法，帮助读者进一步明确各处细则。

第一节　网球的竞赛规则

一、基本通则

（一）交换场地

（1）双方应在每盘的第 1、3、5 等单数局结束后，以及每盘结束后双方局数之和为单数时，交换场地。

（2）在抢 7 分比赛中，每到双方分数相加为 6 分时更换一次场地。

（二）活球

网球比赛中，一个球从被发出去那一刻起即进入比赛状态（活球）。除非出现发球失误或发球无效，否则该球一直为活球直至得分。

美国网球协会注释：决定比分的并不是一个球员没能接起一个界内球，或是打出了一个明显出界的球。一个出界但仍在空中飞行的球仍然是活球，除非它确实击中了地面、后场示意牌、固定物（除了球网、网柱、单打支柱、网绳、中心带或网边白布）或球员。该原则同样适用于一个落在界内一次后又弹起的球。卡在网中的球为死球。当球击中了球网，而另一方球员认为球打过来了而去击球并打到了球网时，如果他碰到球网时球为活球，那他失分。

（三）失分

当球为活球时发生下列任何一种情况，均判失分。

（1）发球方连续两次发球失误。

（2）接发球方的球员在发球第一次落地前进行接球。

（3）身体接触发球或还击球。

（4）本方还击球第一落点在对方界内以外的地面或其他固定物（球网除外），此类球称作界外球。

（5）本方还击球触网后掉入对方界内以外的地面及固定物。

（6）对方还击球在第二次触及地面（包括界外）及球网以外的设备前未能将球还击过网。

（7）本方还击时球拍触球后未能将球还击过网。

（8）球未过网前连续两次击球。

（9）过网击球，以触球点在球网另一侧上空为标准。

（10）对方还击球落入本方地面后又过网返回触及对方区域（包括对方界外的地面及固定物），在这种情况下，球在过网返回后尚在对方上空时，只要本方球员不与球网接触依然可以做出回击行为。

（11）双打时接球方未按照规则进行接球。

（12）活球时球拍、球员，以及其他穿戴物触网或触及对方界内。

（四）压线球

落在线上的球即压线球都算界内球。

（五）休息时间

（1）分与分之间，从捡到球后直至发出，最长间隔 25 秒。
（2）单数局结束交换场地时可休息 90 秒。
（3）每盘结束可休息 120 秒。
（4）每盘的第一局结束后，交换场地时不能休息。
（5）在抢 7 分比赛中，双方分数相加为 6 分，交换场地时不能休息。

二、发球的规则

（一）发球前

发球员在发球前应先站在端线后、中点和边线的假定延长线围成的区域里，用手将球向空中任何方向抛起，在球接触地面以前，用球拍击球（仅能用一只手的运动员，可用球拍将球抛起）。球拍与球接触时，即算完成球的发送。

（二）发球时

发球员在整个发球动作中，不得通过行走或跑动改变原来站立的位置，两脚只准站在规定位置，不得触及其他区域。

（三）打球中

（1）每局开始，应先从右区端线后发球，得或失一分后，再换到左区发球。
（2）发出的球应从网上越过，落到对角的对方发球区前的方格内，或其周围的线上。

（四）发球失误

（1）未击中球。
（2）发出的球，在落地前触及固定物（球网、中心带和网边白布除外）。
（3）违反发球站位规定。
（4）球下网或落到对角发球区外。

发球员第一次发球失误后，应在原发位置上进行第二次发球。

（五）发球无效

2013 年之前的规则是擦网发球作废，重新发球，但 2013 年国际网联修改了规定，擦网不再影响发球是否成功，而以球擦网后的落点判断是否发球成功。擦网后，球若落在规定的发球区域内，则视为无效发球，可重发；若落在发球区域外，则视为发球失误。在对方接球员未做好接球准备时发球也被视为发球无效。

（六）交换发球

第一局比赛终了，接发球员成为发球员，发球员成为接发球员。以后每局终了，均依次互相交换，直至比赛结束。

三、双打的规则

（一）双打发球次序

每盘第 1 局开始时，由发球方决定由何人首先发球，对方则同样地在第 2 局开始时，决定由何人首先发球。第 3 局由第 1 局发球方的另一球员发球。第 4 局由第 2 局发球方的另一球员发球。以下各局均按此顺序发球。

（二）双打接球次序

假定该局 A 队发球，B 队决定好负责接左区和接右区的接发球员（B 左和 B 右），正如每次发生得分或失分时 A 队会更换发球区一样，每次得分或失分时 B 队负责接发球的球员也会在 B 左和 B 右间切换，直至该局结束为止。再次强调，该局 A 队的发球员始终只是一个人，只有到下下局收回发球权时发球员才会成为 A 队另外一人。

（三）双打还击

接发球后，双方应轮流由其中任何一名队员还击。若运动员在其同队队员击球后，再以球拍触球，则判对方得分。

四、计分方法

（一）胜一分

遇到下列情况时，判对方胜 1 分。

（1）发球员连续两次发球失误或脚误时。

（2）接发球员在对方发来的球没有着地前用球拍击球，或球触及自己的身体及所穿戴的衣物时。

（3）在球第二次落地前未能还击过网时。

（4）还击球触及对方场区界线以外的地面、固定物或其他物件时。

（5）还击空中球失败时。

（6）在比赛中，击球员故意用球拍拖带或接住球，或故意用球拍触球超过一次时。

（7）活球期间运动员的身体、球拍（不论是否握在手中）或穿戴的其他物件触及球网、网柱、单打支柱、绳或钢丝绳、中心带、网边白布或对方场区以内的场地地面。

（8）还击尚未过网的空中球（过网击球）。

（9）除握在手中（不论单手或双手）的球拍外，运动员的身体或穿戴的物体触球。

（10）抛拍击球时。

（11）比赛进行中，运动员故意改变其球拍形状时。

（12）运动员发球或回球时出界（注意：是否出界的判法为球的第一个落点是否过第二白线）。

（二）胜一局

（1）每胜 1 球得 1 分，先胜 4 分者胜 1 局。
（2）双方各得 3 分时为"平分"，平分后，净胜 2 分为胜 1 局。

（三）胜一盘

（1）一方先胜 6 局为胜 1 盘。
（2）双方各胜 5 局时，一方净胜 2 局为胜 1 盘。

（四）决胜局计分制

在每盘的局数为 6 平时，有以下两种计分制。
（1）长盘制：一方净胜 2 局为胜 1 盘。
（2）短盘制（抢 7）：决胜盘除外，除非赛前另有规定，否则一般应按以下办法执行。
① 先得 7 分者胜该局及该盘（若分数为 6 平时，一方须净 2 分）。
② 首先发球员发第 1 分球，对方发第 2、3 分球，然后轮流发 2 分球，直到比赛结束。
③ 第 1 分球在右区发，第 2 分球在左区发，第 3 分球在右区发。
④ 每 6 分球和决胜局结束时都要交换场地。

（五）短盘制的计分

（1）第 1 分球（0∶0），发球员 A 发 1 分球，1 分球之后换发球。
（2）第 2、3 分球（报 1∶0 或 0∶1，不报 15∶0 或 0∶15），由 B 发球，B 连发 2 分球后换发球，先从左区发球。
（3）第 4、5 分球（报 3∶0 或 1∶2，2∶1，不报 40∶0 或 15∶30，30∶15），由 A 发球，A 连发 2 分球后换，先从左区发球。
（4）第 6、7 分球（报 3∶3 或 2∶4，4∶2 或 1∶5，5∶1 或 6∶0，0∶6），由 B 发 1 分球之后交换场地，若比赛未结束，B 继续发第 7 分球。
（5）比分打到 5∶5，6∶6，7∶7，8∶8……时，需连胜 2 分才能决定谁为胜方。但在记分表上则统一写为 7∶6。
（6）决胜局打完之后，双方队员交换场地。

（六）赛制

网球比赛实行淘汰赛。一场比赛中，男子单打比赛除大满贯赛事采用五盘三胜制以外，其余均采用三盘两胜制。女子比赛全部采用三盘两胜制。

第二节　基本裁判法

一、场地

单打场地是一块长 78 英尺（23.77 米），宽 27 英尺（8.23 米）的长方形区域。如果换作双打场地，则长度不变，宽度是 36 英尺（10.97 米）。

球场被挂在绳索或钢丝绳上的球网在中间处分隔开，所使用绳索或钢丝绳附着或挂在3.5英尺（1.07米）高的两根网柱上。球网应充分伸展开，使之能够填满两根网柱之间的空间，其上网孔的大小以确保球不能穿过为宜。球网中心的高度应当是3英尺（0.914米）并且用中心带向下绷紧固定，球网上端的网绳或钢丝绳和球网也应当用网带包裹住，中心带和网带都应完全为白色。网绳或钢丝绳的最大直径为1/3英寸（0.8厘米）。中心带的最大宽度应是2英寸（5厘米）。球网每一边垂直向下的网带宽度应当在2英寸（5厘米）与2.5英寸（6.35厘米）之间。

双打比赛中，每侧网柱中心应距双打场地的边线外侧3英尺（0.914米）。

单打比赛中，每侧网柱的中心应距单打场地的边线外侧3英尺（0.914米）。在一个双打场地上举行单打比赛时，球网应用两根高3.5英尺（1.07米）的单打支柱支撑。每侧单打支柱的中心距单打场地的边线外侧3英尺（0.914米）。网柱应为边长不超过6英寸（15厘米）的方柱或直径不超过6英寸（15厘米）的圆柱。单打支柱应为边长不超过3英寸（7.5厘米）的方柱或直径不超过3英寸（7.5厘米）的圆柱。网柱和单打支柱上方不能超过网绳顶端上方1英寸（2.5厘米）。

球场两端的界线叫作底线，两边的界线叫作边线。在两条单打边线之间画两条距球网21英尺（6.40米）并且与球网平行的线，这两条线叫发球线。在球网每一边的发球线和球网之间的区域，同时被一条发球中线分成相同的两个部分，这两个部分叫发球区，发球中线应当和单打边线平行并且到两条边线的距离相等。每一条底线都被一条长4英寸（10厘米）的"中心标志"分为相等的两部分，中心标志被画在场地内并且和单打边线平行。发球中线和中心标志的宽度是2英寸（5厘米）。除底线的最大宽度可以不超过4英寸（10厘米）外，场上其他所有线的宽度均应大于1英寸（2.5厘米）而小于2英寸（5厘米）。

所有场地的测量都应测到线的外沿为止，所有线的颜色必须相同，并且和场地的颜色明显区分开。

二、永久固定物

场地上的永久固定物包括后面和边上的挡板、观众、观众的座位和站台，所有场地周围和上方的固定物，还有处于各自预定位置的主裁判、司线裁判、司网裁判和球童。

在一个有双打支柱的双打场地上举行单打比赛时，双打支柱和单打支柱之间的球网是场地上的永久固定物，而不能被看作是网柱和球网的一部分。

三、球

在比赛中使用的球必须符合网球规则的规定。

按照网球规则，比赛中的任何用球，必须已被列入国际网联颁布的正式批准用球名单。

四、球拍

在比赛中使用的球拍必须符合网球规则的规定。

五、一局中的计分

1. 常规局

在一个"常规局"的比赛中应先报发球员的比分，比分的数值如下：

无分——零；

第1分——15；

第2分——30；

第3分——40；

第4分——一局比赛结束。

若两名运动员或两队都获得了3分，则比分为"平分"。"平分"后如果一名运动员或一队获得了下一分，则比分为"占先"。如果"占先"的这名运动员或这队又赢得了下一分，就赢得了这一局；如果"占先"后是另一名运动员或另一队获得了一分，则比分仍为"平分"。一名运动员或一队需要在"平分"后连续获得两分，才能赢得这一局。

2. 平局决胜局

在"平局决胜局"中，分数被记为0、1、2、3等。首先赢得7分并净胜对方2分的运动员或团队赢得这一局和这一盘。如果决胜局比分达到6：6时，则这一局必须持续到一方运动员或团队净胜2分为止。该轮到发球的运动员在"平局决胜局"中首先发第1分球。随后的第2、3分由他的对方（双打比赛中，对方一对运动员中的一位运动员）来发球。此后，每一个运动员或团队轮流发连续的2分球直到"平局决胜局"结束（在双打比赛中，每一对运动员的发球轮换应当按照这一盘发球相同的顺序持续进行）。

在"平局决胜局"中首先发球的运动员或团队应当在下一盘的第一局开始时首先接发球。

六、一盘中的计分

对一盘的计分有不同的方法。两种主要的计分方法是"长盘制"和"平局决胜局制"。比赛中两种计分方法中的任何一种都可以使用，但必须在赛前事先宣布。如果使用的是"平局决胜局制"的计分方法，还必须声明决胜盘将采用"长盘制"还是"平局决胜局制"。

1. 长盘制

先取得6局并净胜对方2局的运动员或团队赢得这一盘。如果局数比分达到6：6时，则这一盘必须持续到一方运动员或团队达到这净胜的2局为止。

2. 平局决胜局制

先取得6局并净胜对方2局的运动员或团队赢得这一盘。如果双方的局数是6平时，则采用"平局决胜局制"进行比赛。

七、一场比赛的计分

比赛可以是3盘决胜制（运动员或团队只要赢得2盘就赢得这场比赛），也可以是

5 盘决胜制（运动员或团队只要赢得 3 盘就赢得这场比赛）。

八、发球员和接发球员

运动员或团队应当分别相对站于球网两侧。发球员是指开始一分球比赛时第一次击球的运动员，接发球员是准备回击发球员发出的球的运动员。

九、场地和发球的选择

在准备活动开始前，通过掷币的方式决定整个比赛的第一局谁获得挑选场地的权利和谁获得挑选成为发球员或接发球员的权利。掷币获胜的运动员或团队可以作出以下选择。

（1）在整个比赛的第一局中选择发球或接发球，在这种情况下，对方在整个比赛的第一局中应选择场地。

（2）在整个比赛的第一局中选择场地，在这种情况下，对方在整个比赛的第一局应选择发球或接发球。

（3）要求对方作出以上两种选择中的一种。

十、交换场地

运动员应在每盘的单数局结束后交换场地。运动员还应在每盘结束时交换场地。但当这盘结束后双方所得局数之和为偶数时，运动员得在下一盘的第一局结束后交换场地。在平局决胜局中，运动员应在每 6 分后交换场地。

十一、活球

除了做出发球失误或重发呼报之外，球从发球员发出的那一时刻开始直至该分结束都为活球。

十二、压线球

如果球接触到线，则这个球被认为是落在由该线作为界线的场地内。

十三、球触永久固定物

如果活球状态下的球落在场地界线内后弹起触到了永久固定物，则击出该球的运动员赢得该分；如果活球状态下的球在落地前触到了永久固定物，则击出该球的运动员失掉该分。

十四、发球次序

在每一个常规局结束后，该局接发球员应成为下一局的发球员，该局发球员应成为下一局的接发球员。

双打比赛中，在每一盘第一局开始前，由先发球的那队运动员决定哪一名运动员先发球。同样地，在第二局开始前，他们的对方也应当作出由谁先发球的决定。第一局先发球运动员的同伴在第三局发球，第二局先发球运动员的同伴在第四局发球。这个轮换次序一直延续，直到该盘结束。

十五、双打的接发球次序

在双打比赛中，在每一盘的第一局前，首先接发球的运动员决定其中的一位在该局的第一分先接发球。同样地，在第二局开始前，他们的对方也应当决定其中的一位在该局的第一分先接发球。第一分先接发球运动员的同伴应当接本局第二分的发球，这个次序一直延续，直到该盘结束。

接发球运动员接完发球后，对方运动员中的任何一位都可以回击球。

十六、发球

在发球员做出发球动作前，双脚需站在底线与中点线标志和边线的假定延长线围成的区域内，且不能接触到底线或是假定延长线。然后，发球员应当用手将球向空中的任何方向抛出并在球触地前用球拍将球击出。在球拍击到或没有击到球的那一刻起，整个发球动作即被认为已经完成。对于只能使用一只手臂的运动员，可以用他的球拍完成抛送球。

十七、发球程序

在一个常规发球局中，每一局应当从场地的右半区开始，发球员轮换站在场地的两个半区后面发球。在平局决胜局中，发球员也要轮换从场地的两个半区后面将球发出，并且第一次发球应当从场地的右半区开始。发出的球应当越过球网，在接发球员回击发球之前落到对角方向的发球区内。

十八、脚误

在发球的整个动作过程中，发球员不应当出现以下几种情况。
（1）通过走动或跑动来改变他发球的位置，不过脚步轻微地挪动是被允许的。
（2）有任何一只脚接触底线或场地内的地面。
（3）有任何一只脚接触边线假定延长线外的地面。
（4）有任何一只脚接触中点标志的假定延长线。
如果运动员违反了上面的规定就是一次"脚误"。

十九、发球失误

下列情况为发球失误。
（1）发球员违反了上述第十六、十七或十八条的规则。
（2）发球员在发球时试图击球时未能击中。

（3）发出的球在触地前碰到了永久固定物、单打支柱或网柱。

（4）发出的球触到了发球员或发球员的同伴，又或触到了发球员和发球员同伴所穿戴的、携带的任何物品。

二十、第二发球

如果第一次发球失误，发球员应当立即从他该次发球失误的同一半场后面的规定位置再发一次，除非发球失误的这次发球是从错误的半场发出的。

二十一、何时发球和接发球

在接发球员准备好以前，发球员不得发球。不过，接发球员应当配合发球员的步调来比赛，并且在发球员准备发球的合理时间内做好接发球的准备。接发球员试图回击发球则被认为他已做好接发球准备。不过，如果能够证实接发球员确未做好准备，那么也不能判该次发球失误。

二十二、发球中的重发

如果出现下列情况应重新发球。

（1）发出的球触到了球网、中心带或网带后落在有效发球区内；在球触到了球网、中心带或网带后落地前触到了接发球员或他的同伴，或他们所穿戴的、携带的任何物品。

（2）球发出后，接发球员还没有做好准备。

发球中的重发仅指重发该分中的第一次发球或第二次发球，例如当第一次发球失误，第二次发球后需重发时，第一次发球的失误不能作废。

二十三、重发球

除第二次发球中呼报"重发"外，在所有其他情况下，当呼报"重发"时，这一分必须重赛。

二十四、运动员的失分

如果出现下列情况则丢失一分。

（1）发球员连续两次出现发球失误。

（2）活球状态下，运动员在球连续两次触地前不能将球回击过网。

（3）活球状态下，运动员回击的球在落地弹起前触到有效击球区外的地面或其他物体。

（4）活球状态下，运动员回击的球在触地面前触及永久固定物。

（5）接发球员在球没有落地弹起前回击发球员发出的球。

（6）运动员故意用球拍拖带或接住处于活球状态中的球，或故意用球拍触球超过一次。

（7）活球状态下的任何时候，运动员或运动员的球拍（无论球拍是否在他手中）、运动员穿戴的或携带的任何物品触到球网、网柱或单打支柱、网绳或钢丝绳、中心带或网带、他对方场地的地面。

（8）运动员在球过网前击球。

（9）在活球状态下，除运动员手中的球拍以外，球还触到运动员的身体、他穿戴的或携带的任何物品。

（10）在活球状态下，球触到了运动员的球拍，但球拍不在他的手中。

（11）在活球状态下，运动员故意并实质性地改变了球拍的形状。

（12）双打比赛中，在回击一次球时，同队的两位运动员都触及了球。

二十五、干扰

如果运动员在某一分球的比赛中被他对方的故意举动干扰，那么这位运动员应当赢得该分。

二十六、场上官员的作用

当比赛中有被任命的官员时，他们有相应的作用和职责。

（1）裁判长负责裁决所有涉及网球规则的问题，且裁判长的决定将作为问题的最终裁定。

（2）主裁判负责裁决整场比赛中所有事实问题。

（3）司线员及司网裁判对自己负责的线或擦网进行相应呼报。

二十七、连续比赛

作为一个原则，比赛从开始（整个比赛首次发球开始的时候）直到结束应当连续进行。

（1）分与分之间，最长允许有25秒的间隔。每一单数局结束换边时，最长允许有90秒的间隔。不过，在每盘的第一局结束换边和平局决胜局间歇换边时，运动员没有休息时间，比赛应连续进行。在每一盘结束时，最长有120秒的盘间间隔。最长的时间是从上一分球结束时的这一刻开始，直到下一分发球时，球被击出的时刻为止。赛事主办方可以向国际网联提出将单数局结束运动员换边时的90秒间歇时间延长的申请，以及盘与盘之间120秒的时间延长的申请。

（2）如果出现运动员不能控制的情况，如服装、鞋子或必需的装备（不包括球拍）损坏了，或需要对其更换时，可以允许给运动员一个合理的额外时间去调整。

（3）不能因为一名运动员要恢复他的身体状态而给其额外的时间。不过，当出现可以允许获得治疗的伤病时，运动员可以获得一次3分钟的治疗时间。如果比赛前已公布过相关规定，按规定限定的次数上厕所、换衣服也可以被允许。

（4）如果赛事组织者事先已宣布，运动员可以有一次最多为10分钟的休息时间。这个时间可以安排在5盘赛制的第3盘结束之后，或3盘赛制的第2盘结束之后。

（5）准备活动时间最长为5分钟，除非赛事组织者事先另有规定。

二十八、指导

指导被认为是任何形式的可听到的或可见的与运动员的交流、建议或指示。

在团体赛中运动员可以接受坐在场上队长的指导,但是这种指导只能在每盘结束后的间歇和运动员交换场地进行休息时进行。但在每一盘的第一局结束交换场地和决胜局交换场地时是不能接受指导的。

思考题

1. 请描述网球场地的尺寸?
2. 网球比赛中场上的永久固定物包括哪些?
3. 请简述双打比赛中运动员的发球次序?

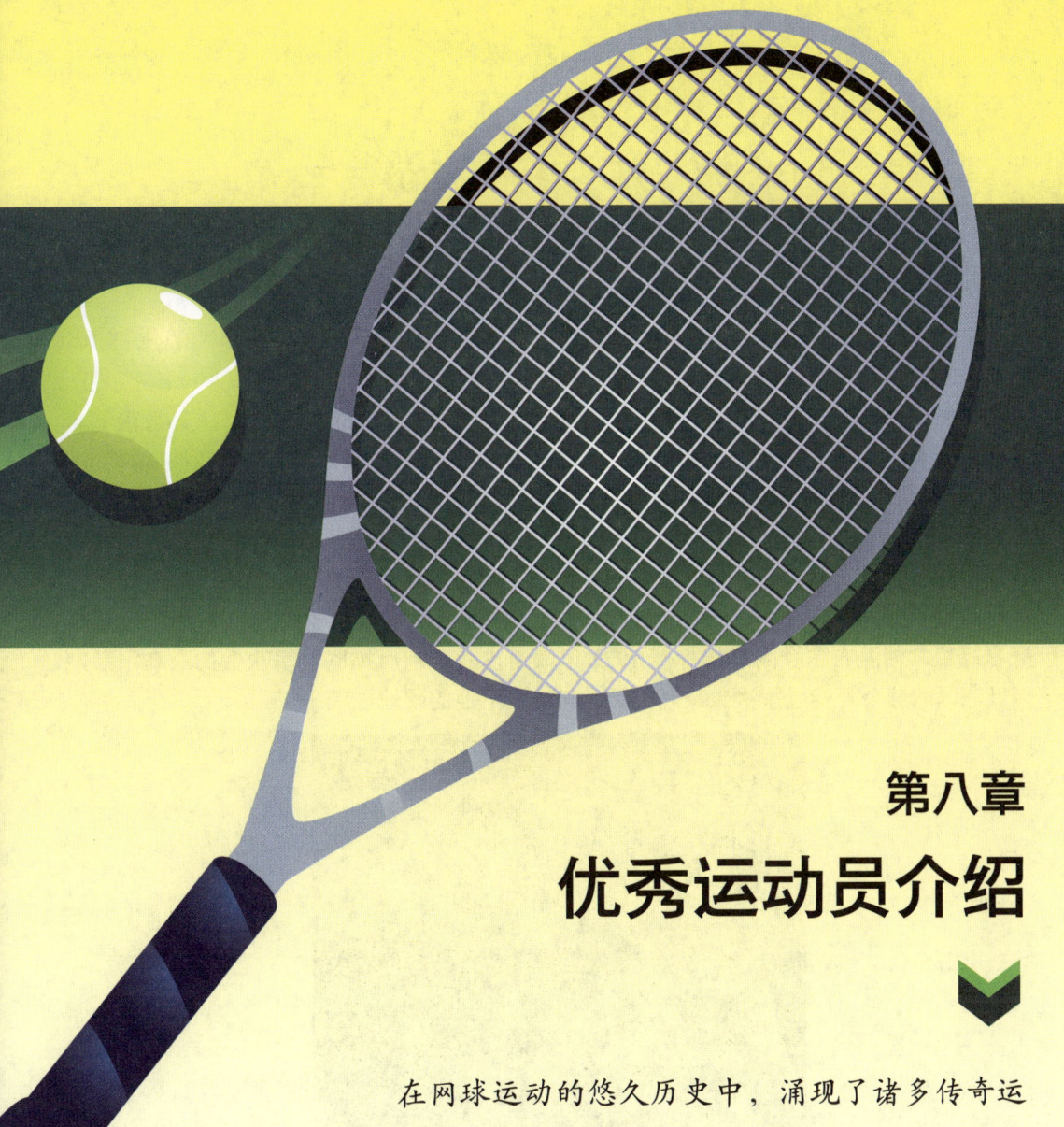

第八章
优秀运动员介绍

在网球运动的悠久历史中,涌现了诸多传奇运动员。他们来自世界各地,有着迥异的经历和风格各异的打法,在大满贯的争夺中留下了许多球场佳话与奇闻轶事。本章着重介绍各个时期的优秀网球运动员,帮助读者从不同的角度了解网球。

第一节　男子运动员

一、比约·博格

比约·博格（Bjorn Borg，见图8-1），瑞典人，1956年6月6日出生和成长于斯德哥尔摩省南泰利耶（Södertälje），一个靠近斯德哥尔摩的小镇。博格作为一名双手反拍的防御型底线型球员，其强劲的上旋球发球，以及出色底线抽击能力令人印象深刻。博格在9岁时收到了父亲送的网球拍，机缘巧合之下开始学习网球；14岁时，博格就击败了所有参加比赛的瑞典少年，问鼎网球冠军赛扬名全国。1974年，他首夺法网男单冠军和意大利公开赛冠军后，便在网坛上迅速崛起。1975年，作为主力为瑞典队首次获得戴维斯杯。1976年，首次获得温布尔登锦标赛冠军，网球史上的"博格时代"从此开始。1976—1980年，他5次蝉联温布尔登锦标赛冠军和6次获法国罗兰·加洛斯赛冠军，创温布尔登网球锦标赛1922年取消挑战赛制后蝉联冠军次数的最高纪录，以及法国网球公开赛冠军次数最高纪录，相比之下他的硬地成绩平平。

图8-1　比约·博格

博格的个人形象突出，因为常常面无表情而被球迷称为"冰山"。正因该特点，他在世界范围内吸引了诸多粉丝，令20世纪70年代的男子网坛走向偶像化。但令人惋惜的是如此天才的运动员，却在27岁时因面临多方压力而离开了网坛。博格退役后的生活也并不顺利，投资失败、变卖奖杯等事件把曾经的红土之王推向了舆论的风口浪尖。

二、吉米·康纳斯

吉米·康纳斯（Jimmy Connors，见图 8-2），美国人，1952 年 9 月 2 日在美国伊利诺伊州东圣路易出生。他从 6 岁起，就在母亲的严格要求下打网球。1974 年，他战胜菲尔·邓特，首次荣摘温布尔登桂冠，而"球王"博格的出现，使他沉寂了 8 年。但当麦肯罗取代博格后，30 岁的康纳斯又卷土重来，并在 1982 年温布尔登网球锦标赛上，连胜数名强将，再次登上这项冠军宝座。他在整个职业网球生涯中，曾夺得 109 个 ATP 巡回赛单打冠军，包括 5 个美国网球公开赛，2 个温布尔登网球锦标赛和 1 个澳大利亚网球公开赛桂冠，他曾保持了 159 周世界排名第一的纪录。

图8-2　吉米·康纳斯

康纳斯性格较为火爆和粗野。他左手持拍，使用双反握拍击球。他的发球和反手击球有力，击出的球像炮弹，威胁极大。猛烈的正手抽击配合多变的落点，加上鱼跃式扑救险球，常使对方一筹莫展。所以他在单、双打以及各种场地的比赛，包括硬地、地毯、草地、泥地（红土或绿土）都有一定成绩。除了技术全面外，他的体格十分强壮，力量充沛又相当自律，而这正是他能长期保持良好竞赛水平的原因。康纳斯素以严格要求自己和强烈的事业心受到人们的尊敬。他说"自觉吃苦，严格训练，是一个优秀运动员应具备的起码条件"。1980 年，他曾来到中国，参加在广州举行的万宝路网球大赛，并夺得第一名。

三、约翰·麦肯罗

约翰·麦肯罗（John Patrick McEnroe，见图 8-3），美国人，1959 年 2 月 16 日出生于联邦德国威斯巴登。麦肯罗于 8 岁开始参加网球训练，在大学学习 1 年后成为一名职业运动员，1977 年首次参加温布尔登网球锦标赛，1978 年开始参加职业网球巡回赛。1981 年 7 月，当他从 5 次蝉联温布尔登网球锦标赛冠军的瑞典名将博格的手中夺走男单桂冠时，几乎所有网坛人士一致认为：世界网坛一个新时代开始了。麦肯罗在单双打排名中均到过历史第一的位置（单打 1980 年 3 月 3 日、双打 1979 年 5 月 21 日），曾获得 77 个单打冠军头衔，其中包括 3 个温布尔登网球锦标赛冠军，4 个美国网球公开赛冠军，以及 71 个双打冠军头衔。

图8-3　约翰·麦肯罗

麦肯罗左手持拍，发球的高度大、难度高。他步法灵活，线路多变，擅长发球截击。他在比赛中，从容不迫，动作优美自如。他的球感极好，击球时与传统理论不同，用特别多的手腕动作控制球的飞行方向，被称为球场上的"艺术家"。虽然他打法多样，球技超群，但脾气过于暴躁，多次在重大国际比赛中与裁判争吵，出口伤人，辱骂裁判长和裁判员，在球场上乱摔球拍等。这些"过火行为"使他落了个"坏小子"的名声。事实上，麦肯罗是一名充满合作精神的运动员，他曾多次代表美国出战戴维斯杯。麦肯罗也曾协助美国夺得两届世界团体杯（1984 年、1985 年）。他在职业生涯中的其中 12 年（1978—1984 年、1987—1989 年、1991 年、1992 年）代表美国参加戴维斯杯，带领美国队在戴维斯杯取得 5 次冠军。并且他从不回避赛后的记者招待会，无论输赢总是努力回答任何合乎情理的提问，也为抗议南非实行种族歧视的政策而拒绝去南非参赛。1994 年，他曾来到中国，与张德培一起争夺金花网球锦标赛的桂冠。

四、皮特·桑普拉斯

皮特·桑普拉斯（Pete Sampras，见图 8-4），美国前职业网球运动员，1971 年 8 月 12 日出生于美国华盛顿哥伦比亚特区。少年时期的桑普拉斯是一名使用双反的主打防守反击的底线型球员，在皮特·菲舍尔任教后，他逐渐变为单手反拍的发球上网型球员。其特点是具备优秀的发球能力，无论是一发还是二发都能保持一定的速度。令人惊奇的是，他的二发威力几近与一发相同，他正是凭借发球时的"大心脏"以及稳定的发球技术，让其二发一度被称为史上最佳第二发球。草地和硬地等快速场地是他最擅长的比赛场地，相对而言，红土球场是他最不擅长的比赛场地，发球上网战术在红土球场很容易被攻破，在红土球场举行的法网亦成为他唯一未曾获得过男单冠军的重要大赛。

1990 年，桑普拉斯夺得第 1 个 ATP 冠军头衔，并于同年在美国网球公开赛中以 19

岁的年纪战胜了劲敌安德烈·阿加西，成为美网历史上最年轻的男单冠军，此后桑普拉斯便一发不可收。在其 ATP 巡回赛生涯中，共夺得 64 项男单冠军（包括 14 项大满贯冠军和 5 项 ATP 年终赛冠军）以及 2 项男双冠军。他在 1988 年转打职业赛，1993 年 4 月 12 日于香港沙龙职业网球公开赛赛前首获世界排名第一，他先后取得 2 次澳大利亚网球公开赛、7 次温布尔登网球锦标赛和 5 次美国网球公开赛的男子单打冠军。2002 年的美网赛事桑普拉斯又一次夺冠，创纪录地第 14 次称雄大满贯赛事，成为继博格之后又一个连续 8 年，每年至少获得一项大满贯冠军的网坛选手，也是从 1993 年至 2000 年唯一一个每年都能赢得至少一项大满贯冠军头衔的选手。同时还是连续 9 年在 ATP 排名中位列前三名的网球选手，同年还赢得了职业生涯中的第 700 场胜利，是获胜最多的网坛选手之一。

图 8-4 皮特·桑普拉斯

2003 年，桑普拉斯没有参加任何职业赛事，最终在自己首次夺得大满贯赛单打冠军的美国网球公开赛的揭幕日那天宣布了退役的决定。

五、安德烈·阿加西

安德烈·阿加西（Andre Agassi，见图 8-5），1970 年 4 月 29 日出生于美国内华达州拉斯维加斯，美国前职业网球运动员。阿加西出生于体育世家，其父亲曾经代表伊朗参加奥运会的拳击比赛。所以他在 3 岁的时候，就开始接受网球的启蒙训练。1986 年，年仅 16 岁的阿加西开始他的职业生涯，这也预示着一个天才的诞生。1992 年，阿加西在温网获得自己的首个大满贯冠军。1995 年 4 月 10 日，阿加西首次成为 ATP 世界第一。1997 年，阿加西因伤世界排名跌至第 141 位。1999 年，阿加西重返世界第一，并成为 ATP 年终世界第一。2003 年，阿加西在澳网获得生涯最后一个大满贯冠军，并以 33 岁的年龄成为 ATP 史上最年长的世界第一。2006 年参加美网后，阿加西正式宣布退役。2011 年，阿加西进入网球名人堂。阿加西在职业生涯中共获得 60 个单打冠军头衔，包括 8 个大满贯冠军(4 个澳网冠军、1 个法网冠军、1 个温网冠军和 2 个美网冠军)、1 个奥运会男单冠军、1 个年终总决赛冠军以及 17 个大师赛冠军，共计 101 周位居 ATP 世界第一。团体赛场上，阿加西帮助美国队 3 次获得戴维斯杯冠军。阿加西是男子网坛历史首位金满贯得主，也是唯一一位集齐四大满贯男单冠军、奥运会男单金牌以及年终总决赛男单冠军的球员。

图8-5　安德烈·阿加西

阿加西的穿着十分具有特色，青春时代他长发飘逸、衣装大胆，职业后期他光头白衣、深情内敛的优雅形象也广受粉丝追捧。

六、胡安·卡洛斯·费雷罗

胡安·卡洛斯·费雷罗（Juan Carlos Ferrero，见图 8-6），1980 年 2 月 12 日出生于西班牙翁蒂涅恩特，西班牙前网球运动员，持拍方式为右手双反。1998 年，费雷罗夺得法网青少年组亚军，并于同年转入职业网坛。2000 年，费雷罗帮助西班牙队夺得队史首座戴维斯杯冠军。2001 年，费雷罗在罗马大师赛决赛击败古斯塔沃·库尔滕，这年他在首胜世界第一的同时夺得职业生涯的首个大师赛冠军。2002 年，费雷罗夺得蒙特卡洛大师赛冠军，并在法网和上海年终大师杯收获亚军。2003 年，费雷罗在蒙特卡洛大师赛决赛击败奎勒莫·科里亚上届冠军；在法网决赛击败马丁·沃尔科克夺冠；在美网击败莱顿·休伊特和安德烈·阿加西夺得亚军；排名在该年 9 月 8 日首次登上世界第一，成为西班牙历史第 2 位 ATP 世界第一；在马德里大师赛击败罗杰·费德勒等人夺冠。2004 年，在澳网打进 4 强后，费雷罗遭到了一系列的伤病困扰，再也未能重返大满贯 4 强。2006 年，费雷罗击败拉菲尔·纳达尔等人夺得辛辛那提大师赛亚军。职业生涯中后期，费雷罗在草地上取得了突破，于 2007 年和 2009 年两次打进温网 8 强，实现大满贯全 8 强。2009 年，费雷罗结束了长达 6 年的冠军荒。2012 年 10 月 24 日，费雷罗在瓦伦西亚公开赛后正式退役。职业生涯中，费雷罗收获了 16 个巡回赛单打冠军，其中包括 1 个大满贯冠军和 4 个大师赛冠军，世界第一周数为 8 周。团体赛场上，费雷罗 3 次随西班牙队夺得戴维斯杯冠军。

图8-6　胡安·卡洛斯·费雷罗

2012 年，费雷罗退役转职成为教练。2017 年，他担任著名德国网球运动员亚历山大·兹维列夫的教练。在二人合作后，兹维列夫的成绩并未见有明显起色，反而二人矛盾不断，因此二人于 2018 年 2 月终止了合作。费雷罗并未因此消声而是在同年 8 月，开始担任西班牙运动员卡洛斯·阿尔卡拉斯（见图 8-7）的教练，并与其原教练 Kiko Navarro 共同执教。费雷罗于 2021 年获得 ATP 年度最佳教练提名。随着 2022 年阿尔卡拉斯赢下美网冠军，其也如愿当选 ATP 年度最佳教练。

图8-7　费雷罗（右）与阿尔卡拉斯（左）

有趣的是，费雷罗因为独特的气质被粉丝们称为"忧郁男神"。众所周知，西班牙盛产"红土之王"，而费雷罗就是其中之一。因为和西班牙国王"胡安·卡洛斯"同名，所以费雷罗被球迷们亲切地叫作"国王"，同时因为他的强健体魄、在场上的快速移动能力和比赛中的坚强韧性，他还收获了"蚊子"的称号。

七、安迪·罗迪克

安迪·罗迪克（Andy Roddick，见图8-8），美国前网球运动员，1982年8月30日出生于美国内布拉斯加州奥马哈，持拍方式为右手双反。

2000年，罗迪克未丢一盘夺得澳网和美网青少年组冠军，成为青少年世界第一，并转入职业网坛。2001年，罗迪克在罗杰斯杯击败古斯塔沃·库尔滕，获得职业生涯首个世界第一。2003年，罗迪克先是夺得罗杰斯杯和辛辛那提大师赛冠军，又在美网击败蒂姆·亨曼、伊万·柳比西奇、大卫·纳尔班迪安（输2赢3、挽救1个赛点）和胡安·卡洛斯·费雷罗等人，夺得生涯首个也是唯一一个大满贯冠军，实现"北美大三元"，同年11月3日首次成为ATP世界第一，并成为2003年ATP年终世界第一。2004年，罗迪克夺得迈阿密大师赛冠军，并在戴维斯杯半决赛创造249.4km/h的当时历史最快发球时速纪录。2004—2005年，罗迪克连续两年获得温网亚军。

2006年，罗迪克夺得辛辛那提大师赛冠军和美网亚军。2009年，罗迪克第3次打进温网决赛，但在决赛长盘以14∶16比分不敌罗杰·费德勒。2010年，罗迪克在迈阿密夺得生涯最后一个大师赛冠军。由于伤病困扰，在2012年美网止步第4轮后，30岁的罗迪克正式退役。职业生涯中，罗迪克共5次打进大满贯决赛，9次打进大师赛决赛，夺得包括1个大满贯冠军和5个大师赛冠军在内的32个单打冠军头衔，总战绩为612胜213负，世界第一总周数为13周，11胜三巨头。2017年，罗迪克进入国际网球名人堂。

图8-8　安迪·罗迪克

八、马拉特·萨芬

马拉特·萨芬（Marat Safin，见图 8-9），1980 年 1 月 27 日出生于俄罗斯莫斯科，俄罗斯籍职业网球运动员。

图 8-9　马拉特·萨芬

1997 年，萨芬开始了自己的网球职业生涯，萨芬单打最高排名第 1 位，双打最高排名第 71 位，并获得过 15 次单打冠军头衔和 2 次双打冠军头衔。2000 年，萨芬在美网决赛中以 3 盘击败桑普拉斯夺冠。2005 年，他在百年澳网比赛中以半决赛 5 盘击败费德勒后又在决赛中战胜本土作战的休伊特的方式，赢得人生第 2 个也是最后一个大满贯桂冠。萨芬身居世界第一的周数只有个位数。但俄罗斯"沙皇"长于效率，在他的总共 15 个单打冠军中，有 2 个大满贯和 5 个大师赛冠军。2016 年 7 月，萨芬正式入驻美国纽波特的国际网球名人堂，成为俄罗斯首个入选名人堂的球员。

萨芬球风硬朗，技术特点鲜明。萨芬的反手是他的招牌技术，反手跃起式抽击，角度刁，力量大。职业态度并没有与其天赋相匹配，相对于纳达尔的意志品质，萨芬相差甚远。萨芬在比赛和生活中都情绪化严重，脾气火暴，摔球拍发生在萨芬身上，都不能称之为新闻，这也进一步限制了萨芬职业生涯的高度。

九、罗杰·费德勒

罗杰·费德勒（Roger Federer，见图 8-10），1981 年 8 月 8 日出生于瑞士巴塞尔，瑞士前网球运动员。1998 年，费德勒转为职业网球运动员。2001 年，费德勒在米兰公开赛上夺得首座巡回赛单打冠军。2003 年，费德勒在温网上夺得首个大满贯男单冠军。2004 年，费德勒包揽澳网、温网以及美网男单冠军，首次登上世界第一宝座。2006 年，费德勒以 92 胜 5 负的总战绩拿到 3 个大满贯，在其参加的 17 站巡回赛里 16 次打进决赛，并 12 次夺冠。2008 年，费德勒在美网决赛上战胜安迪·穆雷，就此成就美网五连冠。2009 年，费德勒在法网决赛上击败罗宾·索德林，首夺法网男单冠军，从而实现男单全满贯。2017 年，费德勒在温网决赛上战胜马林·西里奇，成为历史上首位 8 次赢得温网男单冠军的球员。2018 年，费德勒夺得澳网男单冠军，成为首位大满贯冠军数达到 20 的球员。2019 年，费德勒在迪拜公开赛上夺得第 100 个巡回赛单打冠军，成为公开赛年代以来第 2 位巡回赛单打冠军数量破百的球员。

图8-10 罗杰·费德勒

2022 年 9 月 24 日，费德勒选择在拉沃尔杯上完成退役仪式。当天费德勒与拉菲尔·纳达尔搭档出战双打（见图 8-11），最终以 1∶2 的比分不敌杰克·索克和弗兰西斯·蒂亚菲组合，完成职业生涯谢幕战，收获了全场观众的掌声与祝福。

费德勒长达 24 年的网球生涯中共计夺得 1251 场男单胜利，其中草地 65 连胜，跨年 41 连胜。曾斩获 103 个 ATP 男单冠军，包括 20 个大满贯（澳网 6 冠、法网 1 冠、温网 8 冠、美网 5 冠）、28 个大师赛以及 6 个年终总决赛。另外还赢得 2008 年北京奥运会男子网球双打冠军。位居男单世界排名第一长达 310 周，连续排名世界第一达到 237 周。个人奖项方面，费德勒 5 次夺得劳伦斯世界体育奖最佳男运动员奖，连续 19 年获得 ATP 最受球迷欢迎奖。

在赛场之外，费德勒仍不可小觑，2020 年 5 月，费德勒凭借 1.063 亿美元排名福布斯 2020 年体坛运动员收入榜单榜首，成为史上首位在此榜单上登顶第一的网球球员。与其签约的包括汽车品牌梅赛德斯奔驰、手表品牌劳力士、服装品牌优衣库及运动鞋品牌昂跑等诸多国际大牌。

图8-11 费德勒（左）与纳达尔（右）

十、拉菲尔·纳达尔

拉菲尔·纳达尔（Rafael Nadal，见图 8-12），1986 年 6 月 3 日出生于西班牙马略卡，西班牙职业网球运动员。

2001 年纳达尔转入职业网坛。2005 年 7 月世界排名攀升至第二位。2008 年 8 月首次登上世界第一。2010 年纳达尔第 5 次夺得法网冠军。2013 年 10 月他重返世界第一。2016 年 8 月 5 日，在 2016 年里约热内卢奥运会，担任代表团旗手。2017 年 6 月 11 日，在法国网球公开赛男子单打决赛中，纳达尔以 6∶2、6∶3 和 6∶1 的比分战胜瓦林卡，以不失一盘之姿第 10 次夺得法网冠军，成为公开赛年代首位在一个大满贯里夺冠次数上双的球员，将大满贯冠军数提升为 15 个，超越桑普拉斯，独居历史第二。2017 年 9 月 11 日，再次问鼎美国网球公开赛男单决赛冠军，成就美网三冠王，这是他赛季第 2 个、生涯第 16 个大满贯冠军。2017 年 10 月 8 日，获得中国网球公开赛男单冠军。2017 年 12 月 4 日，西班牙《阿斯报》举办了 50 周年颁奖典礼，纳达尔荣膺最佳男运动员奖。2018 年 8 月，登上 ATP 世界排名第一。2018 年 8 月 13 日，纳达尔获得 ATP1000 系列赛罗杰斯杯冠军。2019 年 6 月 9 日，纳达尔获得法网男单决赛冠军。2017 年 11 月 4 日，纳达尔重返 ATP 世界第一。2019 年 12 月 21 日，纳达尔第 4 次获得 ITF 世界冠军的称号。

图8-12 拉菲尔·纳达尔

截至2023年3月,纳达尔共获得22个大满贯冠军,包括14次法网冠军,2次温网冠军,2次澳网冠军和4次美网冠军,并获得过北京奥运会男子单打冠军和里约奥运会男子双打冠军。纳达尔是全满贯得主之一,也是历史上男运动员中两位金满贯得主之一。

纳达尔的比赛风格被称为"纳达尔式",他的比赛特点是把球打得很快、很准确,能够在最短的时间内取得胜利。此外,他在比赛中表现出色,拥有极强的毅力和良好的体力,能够在比赛中持久保持高水平的发挥。纳达尔的精彩表现为他赢得了许多荣誉,2008年被联合国授予"全球体育十大杰出人物"的称号,2009年被授予西班牙国家最高荣誉勋章"阿尔瓦罗勋章",2010年被授予欧洲联盟最高荣誉勋章"欧洲联盟勋章"。

十一、斯坦·瓦林卡

斯坦·瓦林卡(Stan Wawrinka,见图8-13),1985年3月28日出生于瑞士洛桑,瑞士男子网球运动员。

2014年1月,瓦林卡夺得澳大利亚网球公开赛男单冠军,这是职业生涯首个大满贯比赛冠军。2014年4月,瓦林卡夺得蒙特卡洛大师赛冠军。2015年6月,瓦林卡获得法国网球公开赛冠军。2015年12月,瓦林卡首获瑞士年度最佳运动员。2016年9月,瓦林卡获得美国网球公开赛冠军,这也是他的第3座大满贯冠军奖杯。2017年6月,瓦林卡获得法国网球公开赛亚军,大满贯决赛100%胜率的纪录被打破。

图8-13 斯坦·瓦林卡

身高183厘米,体重80公斤出头,这些数据放眼目前的职业男子网坛来说并不出众。瓦林卡的力量出色,耐力一般,移动能力在这个身高级别里也就算一般。不过凭借天赋,瓦林卡还是表现出了过人之处,仰仗于身体的良好协调性,其在移动到位较为仓促的情况下仍可以打出高质量的反拍击球。

瓦林卡的发球动作简单实用。发球前的"仪式"通常是深吸一口气,再拍三下球。抛球动作简单,高度适中,没有充分的屈膝和背弓,但整个挥拍动作极为流畅,身体前压的动作迅猛。发球时速快,落点刁钻,200公里以上时速的发球是家常便饭,ACE的数量在这个身高级别里算非常优秀的。瓦林卡的结束动作也没有任何拖泥带水的成分,这对他在回位准备下次击球的环节上有很大的益处。在职业生涯后期,瓦林卡因受到了伤病的困扰并未取得出色的成绩,但如今38岁的老将仍然征战在赛场上,对于网球运动的执着追求使他收获了许多粉丝。

十二、诺瓦克·德约科维奇

诺瓦克·德约科维奇(Novak Djokovic,如图8-14),塞尔维亚男子网球运动员,1987年5月22日出生于塞尔维亚贝尔格莱德。2003年,诺瓦克·德约科维奇开始了自己的职业生涯。2007—2018年,诺瓦克·德约科维奇先是世界排名升至第三,后首次获得澳网冠军,获得法网、温网和美网冠军,世界排名升至第一,实现跨年连夺四大满贯的壮举,完成职业生涯全满贯,首次问鼎辛辛那提大师赛,并包揽大师赛全部冠军,达成"金大师"伟业。2019年12月30日,获塞尔维亚体坛年度最佳男运动员。2020年8月30日,完成双圈金大师成就。2020年12月,诺瓦克·德约科维奇入选新华社体育部2020年国际体育十大人物榜单。到2023年1月19日,诺瓦克·德约科维奇已经赢得包括22个大满贯、38个大师系列赛和6个年终总决赛在内的93项ATP单打桂冠,ATP现世界排名第一。

图8-14 诺瓦克·德约科维奇

德约科维奇是历史上回球最犀利的球员之一。德约科维奇拥有着45%的生涯破发点转化率，这一成绩排在并列第二位。很少有人能接住德约科维奇从底线打出的诡异而又力量十足的击球，他总能用那致命的反手球来主宰比赛。

十三、卡洛斯·阿尔卡拉斯

卡洛斯·阿尔卡拉斯（Carlos Alcaraz，见图 8-15）2003 年 5 月 5 日出生于西班牙穆尔西亚埃尔帕尔马，西班牙网球运动员，持拍方式为右手双反。

图8-15 卡洛斯·阿尔卡拉斯

2018年，阿尔卡拉斯转入职业网坛。2020年，阿尔卡拉斯全年获得3个挑战赛冠军（达成该成就的历史第二年轻球员），当选ATP年度最佳新人。2021年，阿尔卡拉斯在乌玛格获得巡回赛首冠，在米兰获得ATP新生力量总决赛冠军；在美网首进大满贯8强，成为公开赛年代最年轻美网男单8强，以及继1990年法网张德培后最年轻大满贯男单8强。2022年，阿尔卡拉斯在美网复制了纳达尔19岁大满贯夺冠的壮举，携冠成为首位"00后"大满贯男单冠军，以19岁4个月的年龄成为ATP历史最年轻世界第一，大幅刷新莱顿·休伊特的原纪录（20岁8个月），并结束费纳德穆对年终第一长达18年的垄断，在里约成为ATP500赛历史最年轻冠军，在迈阿密获得大师赛首冠，成为赛会历史最年轻冠军与大师赛历史第三年轻冠军（仅次于张德培和纳达尔，纳达尔获大师赛首冠时只比阿尔卡拉斯小15天）；在马德里连克纳达尔、德约、兹维列夫夺冠，成为赛会历史最年轻冠军，历史首位红土连克德纳的球员，历史最年轻面对德纳均取得胜绩的球员，历史最年轻在红土巡回赛击败纳达尔的球员，以及ATP巡回赛历史（1990年以来）在一站赛事击败3位世界前五的最年轻球员。2023年，阿尔卡拉斯在印第安维尔斯连克阿利亚西姆、辛纳夺冠，成为历史最年轻集齐阳光双赛冠军的球员。

十四、张之臻

张之臻（见图8-16）1996年10月16日出生于上海，中国网球运动员，持拍方式为右手双反。

图8-16 张之臻

2012年，张之臻转入职业网坛。2013年，未满17周岁的张之臻搭档吴迪获得全运会男双金牌，成为最年轻的全国网球冠军。2015年，未满19周岁的张之臻在深圳公开赛通过资格赛闯入正赛，并在正赛首轮击败添田豪获得巡回赛正赛首胜。2019年，张之臻在济南夺得生涯首个挑战赛冠军，并于同年创造了中国大陆男球员单打最高排名纪录。2021年6月，张之臻成为公开赛年代以来首位打进温网男单正赛的中国大陆球员。2022年10月24日，张之臻的世界排名首次打进前100，成为中国大陆男网历史首位打进男单前100的球员。

2023年，张之臻在马德里大师赛首轮为中国大陆男网取得红土巡回赛正赛首胜，第2轮击败丹尼斯·沙波瓦洛夫（首胜TOP30）成为首位在大师赛取得连胜的中国大陆球员，第3轮战胜卡莫隆·诺里（首胜TOP20），第4轮挽救3个赛点击败泰勒·弗里茨（首胜TOP10）成为首位打进大师赛8强的中国球员；在法网生涯首进大满贯32强，并为中国大陆男网取得法网正赛首胜。

十五、吴易昺

吴易昺（见图8-17），1999年10月14日出生于浙江杭州，中国网球运动员、国际级运动健将，持拍方式为右手双反。吴易昺4岁开始接触网球，8岁时被破格选入浙江省队。2016年，吴易昺参加中国网球大奖赛，决赛耗时50分钟以6∶2、6∶1的比分横扫张择夺冠。

图8-17　吴易昺

2017年，吴易昺在美网青少年组男单决赛中击败阿克塞尔·盖勒，同时搭档许育修夺得男双冠军，成为中国大陆首位大满贯青少年组男单冠军，携冠成为青少年世界第一，在上海以17岁零11个月的年龄夺得挑战赛首冠，并于同年年底转入职业网坛。由于青少年时期在选赛、训练方式等生涯规划事项上出现失误，转入职业选手后吴易昺遭受了一系列伤病困扰。2018年，吴易昺夺得亚运会男单银牌，并在上海大师赛首轮击败李喆取得ATP巡回赛首胜。

2022年7月，吴易昺在美国夺得生涯第3个挑战赛冠军，成为夺得挑战赛单打冠军最多的中国大陆球员。2022年8月，吴易昺通过美网资格赛打进正赛，成为公开赛年代首位闯进美网男单正赛的中国大陆球员，在美网男单正赛首轮，吴易昺送蛋三盘横扫尼克洛斯·巴斯拉什维利，在生涯首胜TOP50的同时成为公开赛年代首位取得大满贯男单正赛胜利的中国大陆球员。

2023 年 2 月，吴易昺在达拉斯公开赛击败丹尼斯·沙波瓦洛夫、泰勒·弗里茨（中国大陆男网首胜 TOP10）和约翰·伊斯内尔（挽救 4 个赛点）夺得巡回赛首冠，成为中国首位 ATP 巡回赛男单冠军。

第二节　女子运动员

一、玛蒂娜·纳芙拉蒂洛娃

玛蒂娜·纳芙拉蒂洛娃（Martina Navratilova，见图 8-18），女子网坛常青树，有网坛"铁金刚"之称。左手握拍型球手。1975 年进入职业网坛。曾排名世界女子单打第一（1978 年 7 月 10 日），1979、1982—1986 年六次夺得女子单打年终总排名第一；也曾夺得世界女子双打第一（1984 年 9 月 10 日）。职业生涯曾获女子单打冠军 170 个，取胜 1429 场；女子双打冠军 128 个，取胜 206 场；职业生涯曾获总奖金数 2094.5044 万美元，是世界上首位所得奖金超过 100 万美元的女运动员。2006 年，年近 50 岁的纳芙拉蒂洛娃夺得美网混双冠军，这是她职业生涯的第 59 个大满贯冠军，她也因此成为年龄最大的大满贯冠军。这 59 个大满贯包括 18 个女单大满贯，31 个女双大满贯以及 10 个混双大满贯。

纳芙拉蒂洛娃在职业生涯中分别夺得四大公开赛的女单、女双和混双冠军的超级大满贯。她也是世界上首位在四个不同的年代（20 世纪 70 年代、80 年代、90 年代和 21 世纪）中都进入世界网坛排名的球员。

图 8-18　玛蒂娜·纳芙拉蒂洛娃

二、施特菲·格拉芙

施特菲·格拉芙（Stefanie Graf，见图 8-19），于 1969 年 6 月 14 日出生于德国曼海姆市，德国职业女子网球运动员。她是德国史上最优秀的女子体育人物之一，为第 5 位登上 WTA 单打排名第一的选手，也是世界网球历史上最成功的女选手之一，尤其是 1988 年创下整个网球运动史上、所有男女选手当中第一个年度金满贯。她与德国另一名男选手鲍里斯·贝克尔缔造了德国网球传奇。她最擅长的打法是正手大力抽球和反手切削球，德国人将她称为"正手姑娘"。施特菲·格拉芙在各种类型的场地上都能稳定发挥，这在网球界十分罕见。此外，施特菲·格拉芙也非常具有女性魅力，属于网球界的偶像派与实力派的结合。

图8-19　施特菲·格拉芙

三、莫妮卡·塞莱斯

莫妮卡·塞莱斯（Monica Seles，见图8-20），是原南斯拉夫（现塞尔维亚）的匈牙利裔美国籍女子职业网球运动员，为第6位登上WTA单打排名第一的选手。她是九届大满贯冠军得主，也是1991年、1992年和1995年的年终第一。塞莱斯为人熟知的特点是她独特的双手握拍攻击，以及贯穿全场的震天叫声。她最巅峰时期是在1991年和1992年，这两年内，她每年均连夺澳网、法网和美网三项大满贯和WTA年终赛共十项WTA单打锦标，个人WTA单打生涯获胜率接近83%。塞莱斯于2008年退役，2009年入选国际网球名人堂。她的个人特点是球风极其顽强凶狠，正反手的双手握拍，使出手的球路极其隐蔽。

图8-20　莫妮卡·塞莱斯

她的出现，在格拉芙独霸网坛的时代掀起一阵旋风，她的凶猛顽强的作风和场上大声地叫喊成为网坛的一道风景线。十年来，人们记住了这个名字，她走到哪里，都会赢来掌声和欢呼。她是美丽的，她的微笑和谦和的言表为她赢得了无数的倾慕者和支持者；她是强大的，她1989年步入网坛，便在1990—1992年的短短三年间，夺得七项大满贯冠军，连续三年在WTA年终决赛中折桂，将格拉芙压得喘不过气来。

四、玛蒂娜·辛吉斯

玛蒂娜·辛吉斯（Martina Hingis，见图8-21），1980年9月30日生于捷克斯洛伐克的科希策（现斯洛伐克城市），瑞士职业网球运动员。她曾在1997年、1999年和2000年三度成为WTA单打年终世界排名第一的球员。2015赛季迈阿密公开赛辛吉斯/米尔扎力克马卡洛娃/维斯尼娜收获女双冠军。2015年5月17日，2015赛季意大利BNL国际赛，辛吉斯/米尔扎拿到了本赛季搭档的第三座WTA双打冠军。2015年7月12日，2015年温网公开赛，辛吉斯时隔17年再夺温网女双冠军，米尔扎则生涯首夺大满贯。2015年7月13日，她与温网双打赛场搭档佩斯获得混双冠军。两人以6：1，6：1的比分横扫巴波斯/佩亚，继年初的澳网后再夺大满贯混双冠军。2017年7月，辛吉斯夺得温网混双冠军，这是辛吉斯第二个温网混双冠军和第六个大满贯混双冠军。2017年7月，与詹咏然获得2017年中国网球公开赛女双冠军。2017年10月28日，玛蒂娜·辛吉斯宣布退役。

图8-21 玛蒂娜·辛吉斯

从技术的角度来看，辛吉斯无疑是个技术全面的选手。她的各项技术都相对均衡，但是其中有三项技术最值得关注：中低位的截击、充满想象力的接发、开放式的双反和直线进攻技术。第一，她拥有充满想象力的接发。辛吉斯的接发总是敢于大胆地想象、预判，不知道这是不是她网球天赋最集中的体现。接发时，辛吉斯对自己的预判、反应和手感都充满了自信。第二，她拥有开放式双反。是她最先告诉人们"开放式反拍，不仅能守，且能攻"。对付回到反手位底线附近的球，她会毫不犹豫地选择开放式双反，早早地找到击球位置，拍头竖直翘起后引，与她正手的引拍如出一辙。第三，辛吉斯拥有最好的直线进攻技术。攻直线，也就成了辛吉斯当时最耀眼的进攻武器。第四，辛吉斯在球场上的谋略方面绝对是个罕见的天才。在发挥自身长处时，还总能抓住对方的弱点，技术上的失误辛吉斯也会有，但是战术上的错误在辛吉斯身上却很少出现。

五、安娜·库尔尼科娃

安娜·库尔尼科娃，全名安娜·谢尔盖耶芙娜·库尔尼科娃（Anna Sergeyevna Kournikova，见图8-22），1981年6月7日出生于俄罗斯莫斯科，俄罗斯网球运动员。她的照片经常出现在一些生活类杂志的封面上，全世界流行。她还当选《人物》杂志评选的"全世界最美丽的50人"。2011年7月9日，库尔尼科娃出席了英国电影电视艺术学院奖活动。

图8-22　安娜·库尔尼科娃

库尔尼科娃是个天才的女球手。14岁的时候，她排名世界青少年第一。在1997年打进了温布尔登网球锦标赛的半决赛，当时才16岁。她也是第一位打入WTA年终总决赛的俄罗斯女球员。库尔尼科娃网球的天赋是绝对一流的,她球风比马丁娜硬朗,移动比林赛快速,得分手段比威廉姆斯姐妹多,同时她的空中截球能力也胜过上述任何一位。获得四大满贯是她职业生涯的历史成绩之一。库娃毫无疑问是历史上最性感的女运动员之一,她出名的不仅仅是因为她的美貌,还有她与西班牙情歌王子安立奎的浪漫爱情。她在 2002 年就被 FHM 杂志评为最性感的女人,此外她还是《体育画报》的封面人物,以库娃为封面的那一期是《体育画报》历史上最畅销的一期。

六、威廉姆斯姐妹

威廉姆斯姐妹是美国网球运动员,姐姐维纳斯称大威廉姆斯(见图 8-23),生于加利福尼亚林伍德;妹妹塞雷娜称小威廉姆斯(见图 8-24),生于密歇根州萨吉诺。大威廉姆斯在 2000 年和 2001 年的美国网球公开赛与温布尔登网球锦标赛上夺冠,并和妹妹塞雷娜联手获温网女子双打冠军。在 2000 年第 27 届奥林匹克运动会(悉尼)网球比赛夺得女子单打冠军,又和妹妹一起夺得女子双打冠军。威廉姆斯姐妹在 2008 年第 29 届奥运会(北京)上又获得女双冠军。在 1999 年的美国网球公开赛上,小威廉姆斯夺得她职业生涯的第 1 项大满贯桂冠,不仅创造了种子选手排名最低夺冠的纪录,也是此赛事历史上第 2 个夺冠的黑人运动员。她还在 2002 年的美国网球公开赛、法国网球公开赛和温布尔登网球锦标赛上夺冠。2003 年在澳大利亚网球公开赛击败姐姐夺冠之后,她成为历史上第 5 位连续夺得 4 项大满贯赛事的运动员。

图 8-23　维纳斯·威廉姆斯

图8-24 塞雷娜·威廉姆斯

维纳斯身高 185 厘米,塞雷娜身高 175 厘米,二人均为右手握拍。从洛杉矶街头网球场走出来的姐妹俩配对参加双打比赛,父亲理查德·威廉姆斯是她们的教练兼经纪人。妹妹小威廉姆斯后来成绩超过姐姐,在姐妹俩的 12 次交锋中,妹妹获得过 7 次胜利。有网坛"黑珍珠"之称的威廉姆斯姐妹,都曾当过世界球后,都拿过女单、女双大满贯金杯,都曾戴过女单、女双奥运金牌,在当今世界女子网坛占有举足轻重的地位,这对组合毋庸置疑是史诗级的!她们的速度和力量改变了世界女子网坛的格局。

七、林赛·达文波特

林赛·达文波特(Lindsay Davenport,见图 8-25),1976 年 6 月 8 日出生于美国加利福尼亚州,美国职业网球运动员。1993 年转入职业,曾于 1998、2001、2004 和 2005 年四度成为 WTA 年终单打世界排名第一。她曾夺得三次大满贯女单冠军:1998 年美网、1999 年温布尔登、2000 年年澳网。她还是 1996 年亚特兰大奥运会女单金牌得主。

达文波特以她的强力正手抽击、高稳定性和发球强劲闻名,于 1998 年创造高峰,击败辛吉斯夺得美国网球公开赛冠军,也在当年年终排名第一。虽然在 1999 年世界第一的宝座又让回给辛吉斯,但是她在当年击败格拉芙成为温布尔登网球锦标赛的新科冠军,隔年的 2000 年初又夺得第三个大满贯冠军——澳大利亚网球公开赛。她与辛吉斯在 1997—2001 年的两人争夺战,终因威廉姆斯姐妹的入侵而结束,当时的网坛成为战国时代。不过她的职业生涯比辛吉斯要久些,她于 2005 年的表现可说是惊艳,不仅获得两个大满贯的亚军(澳大利亚网球公开赛决赛中输给塞雷娜·威廉姆斯、温布尔登网球锦标赛决赛中输给维纳斯·威廉姆斯),而且夺得年终排名第一。

图8-25　林赛·达文波特

八、玛利亚·莎拉波娃

玛利亚·莎拉波娃（Maria Sharapova，见图8-26），1987年4月19日出生于俄罗斯西伯利亚汉特曼西自治区尼尔根，俄罗斯前职业网球运动员。

2004年，莎拉波娃在温网决赛中横扫塞雷娜·威廉姆斯，夺得职业生涯的首个大满贯冠军。2005年8月22日，以4452.00的分数第一次登顶WTA排名世界第一。2006年9月10日，在美网女单决赛中战胜海宁，赢得了自己的第二个大满贯。2008年，在澳网决赛中完胜伊万诺维奇，赢得了第三个大满贯。2012年，在法网决赛中决赛击落埃拉尼，完成职业生涯的全满贯（第四个大满贯）。2014年6月7日，击败对方罗马尼亚的哈勒普赢得了第二次法网冠军（第五个大满贯）。2015年7月9日，在温网女单半决赛中，负于塞雷娜·威廉姆斯，无缘决赛。2015年9月15日，在中网重返赛场。2016年6月8日，国际网球联合会公布了对莎拉波娃服用禁药的处罚，其从2016年1月26日开始禁赛两年。2019年1月20日，莎拉波娃在澳大利亚网球公开赛止步女单16强。2006年，莎拉波娃被美国《体育画报》选为"最美丽运动员"。2014年8月13日,《福布斯》杂志公布了2013—2014年度全球收入最高的女运动员排名，莎拉波娃连续十年蝉联榜首。2019年度女运动员收入榜上莎拉波娃排名第七。2020年2月26日，莎拉波娃通过社交媒体宣布退役。

莎拉波娃身材高大，爆发力强，属于底线力量型选手。她的握拍方式是右手握拍，双手反拍，由于她天生是左撇子后改为右撇子，她的双反具有较强的控制能力，开始时不常采用切削，后面会适时地出现一记精彩的小球来结束这一分。她的网前技术不同于传统打法，不常用截击而采用标志性的凌空抽击，职业生涯后期也在不断改善网前技术。底线相持中，她那强壮的腿可以使她拥有爆发力上的优势，所以莎拉波娃的打法更适合球速快的场地（如北美硬地、草地），而在球速慢的红土地上，她击球的威力受到很大程度上的削减，1.9 米的身高也使她的移动成了问题。

图 8-26　玛利亚·莎拉波娃

九、伊加·斯瓦泰克

伊加·斯瓦泰克（Iga Swiatek，见图 8-27）出生于波兰华沙，波兰网球运动员。2018 年，斯瓦泰克先后夺得法国网球公开赛青少年组女双冠军、温布尔登网球锦标赛青少年组女单冠军。2019 年，斯瓦泰克转入成年组，首次参加法国网球公开赛便打进女单第四轮。2020 年，斯瓦泰克在法国网球公开赛上击败索菲亚·肯宁，夺得个人首个大满贯冠军，成为历史上首位夺得大满贯单打冠军的波兰球员。2022 年，斯瓦泰克豪取 WTA 巡回赛女单 37 连胜，其中包括法国网球公开赛和阳光双赛在内的 6 个巡回赛冠军。另外，斯瓦泰克还在美国网球公开赛上夺得生涯首个硬地大满贯冠军，成为 2016 年安杰利克·科贝尔之后首位在单赛季拿到 2 个大满贯冠军的球员。

斯瓦泰克的上旋球每分钟转数是 2400 转（中间值），与男子半决赛选手施瓦茨曼不相上下。她以接近 3200 转/分的速度在 WTA 女子球员里排名第一。斯瓦泰克的比赛是围绕着上旋正手技术的，她击落地球时的净空很高，球飞过网时很高，但因为强烈的旋转仍然会落在界内。斯瓦泰克经常使用沉重的上旋球来打开角度和制造一些不同寻常的落点，使对方从一边跑到另一边，而回合球打的时间越长，这个策略就越有效。斯瓦泰克可以轻松地将正手上旋球打向直线或斜线，在整个法网比赛中，她的正手平均速度为每小时 118 千米,高于每小时 111 千米的女子平均速度。

图8-27　伊加·斯瓦泰克

十、李婷

李婷(见图 8-28)1980 年 1 月 5 日出生于湖北省,中国网球运动员,世界冠军,奥运冠军。2001 年,她在第 21 届世界大学生运动会中获得网球双打冠军;2003 年与孙甜甜搭档先后夺得了 WTA 维也纳、魁北克和笆堤亚三站女双冠军。

图8-28　李婷(左)

2004年，李婷在澳大利亚网球赛中止步16强；5月她搭档孙甜甜在维也纳女子网球赛半决赛中三盘，不敌头号种子、美国组合纳芙拉蒂诺娃与雷蒙德；8月的雅典奥运会中，李婷搭档孙甜甜第一轮击败美国组合威廉士，次轮以及第三轮淘汰澳大利亚及阿根廷组合；8月22日在雅典奥运会网球女子双打决赛中，搭档孙甜甜以8号种子的身份，以两个6∶3比分战胜大赛2号种子西班牙名将帕斯奎尔、马丁内兹获得金牌，为中国网球夺取了历史上的第一枚奥运金牌；10月16日，在全国网球巡回赛总决赛女双决赛中，李婷搭档李娜与孙甜甜、郝洁以两个7∶6比分险胜，夺得女双冠军。

2007年2月15日，李婷退役。

十一、郑钦文

郑钦文（见图8-29），湖北省十堰市人，中国女子网球运动员。目前获得过2个WTA巡回赛冠军，8个ITF女子巡回赛单打冠军。郑钦文6岁开始打网球。因为小时候很胖，还经常生病，于是父母希望她从事体育运动。最初她打过乒乓球，也打过羽毛球和篮球，最终选择网球的原因是"真的很喜欢比赛，尤其是击败对方的感觉。当然，当你失去的时候，你会觉得很难过，很沮丧，你会觉得整个世界都为你而破碎。但网球比赛是我最喜欢的。"她坦言自己的偶像是罗杰·费德勒，后者是她的"灵感来源"。

图8-29 郑钦文

2020年8月29日，郑钦文在国际网联巡回赛科尔德农斯站夺得首个成人赛冠军。2022年1月14日，郑钦文闯入澳大利亚网球公开赛女单正赛。2022年1月17日，闯进澳大利亚网球公开赛女单首轮，职业生涯首次亮相大满贯正赛并取得开门红。2022年5月28日，打进法国网球公开赛女单第三轮，郑钦文成为继郑洁、李娜和张帅之后第四位闯入到法网16强的中国金花。2023年5月15日，闯进WTA1000罗马站女单第四轮，郑钦文成为自2014年的李娜、张帅之后，首位在罗马晋级8强的中国金花。2023年7月24日，WTA250巴勒莫站女单决赛中，郑钦文拿下职业生涯首冠。2023

年9月29日，在杭州第19届亚运会网球女子单打决赛中，郑钦文以总比分2∶0战胜朱琳获得金牌。

思考题

1. 结合运动员技术风格，简述你最喜欢的网球运动员是谁以及原因。
2. 简述各个时期著名的男/女网球运动员。
3. 男子网球运动员中的"四巨头"是谁？各有什么特点？
4. 女子网球运动员中被称为"黑珍珠"姐妹的是谁？

参 考 文 献

1. 宁雷．网球图解教程．青少年网球训练指南 [M]．北京：北京体育大学出版社，2023．
2. 唐艺．普通高等学校公共体育新形态教材．新时代大学体育与健康 [M]．北京：高等教育出版社，2022．
3. 董杰．普通高等教育十一五国家级规划教材．网球教程 [M]．3 版．北京：高等教育出版社，2022．
4. 宋雷．高等院校人文素质教育系列教材．大学体育与健康 [M]．北京：清华大学出版社，2022．
5. 哈利·多斯特．网球裁判法解析 [M]．2 版．北京：人民邮电出版社，2022．
6. 网球运动教程编写组编．高等教育体育学精品教材．网球运动教程 [M]．2 版．北京：北京体育大学出版社，2021．
7. 钱光鑑，史兵马，孝刚．网球力量训练理论与实践 [M]．北京：人民体育出版社，2021．
8. 陈祥慧，胡锐，张保华．网球运动理论与实践 [M]．广州：广州中山大学出版社，2021．08．
9. 孔斌，张振作．普通高校学生网球技术等级评价标准实践研究 [M]．上海：复旦大学出版社，2020．